必勝 바둑강좌 6

실리·세력 포석

실전 포석 13형의 집중 분석

5段　沈宗植　校閱

일신서적출판사

머리말

지금까지 포석이라고 하는 것에 별로 흥미가 없었던 사람, 그리고 포석이란 처음엔 귀에서부터 두기 시작하며, 굳힘이 있고 걸치기나 협공이 있고, 변으로 벌린다는 것 정도의 원칙적인 것밖에 모르고 있던 사람들에게 있어서, 이 책은 복음과도 같은 것으로서 매우 의의가 있다고 생각한다. 프로는 물론, 강한 사람이 두는 포석에는 거의 "형"이라고 하는 것이 있는데, 이 하나 하나의 형에는 다시 명쾌한 이론, 쉽게 말한다면 "스토리성"이 포함되어 있다는 사실을 여러분은 이 책을 통해서 알게 될 것이다. "과연, 이런 스토리가 있었구나"라고 이해할 수 있게 될 것이며, 지금까지 막연했던 포석이라고 하는 장르에 대해서는 좀더 알기 쉽고, 친숙감마저 갖게 될 것이다.

여기에 소개하고 있는 것 중에서 자기가 자랑할 수 있는 형을 몇 가지만이라도 몸에 익힐 수 있다면, 그것은 참으로 멋진 일일 것이다. 그러나 특히 부탁하고 싶은 것은, 모든 포석을 한 차례 이해하고 나서 그 후에 여러분 자신의 독창적인 즐거운 포석을 계속 시험해 달라는 것이다.

차 례

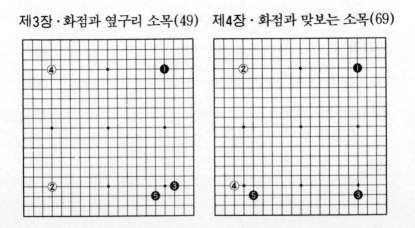

제5장·中國류 (85)

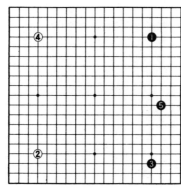

제6장·엇갈린 소목 (105)

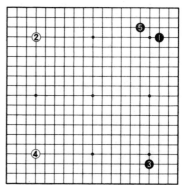

제7장·秀策류 (119)

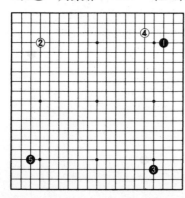

제8장·향소목 (135)

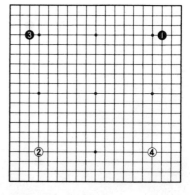

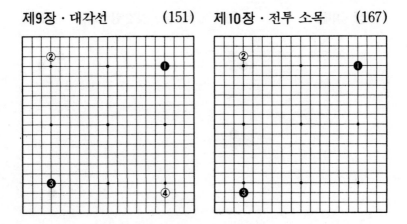

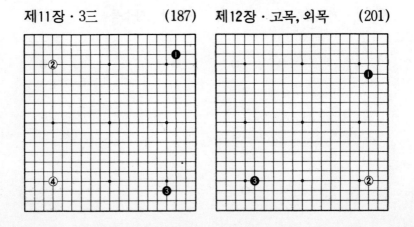

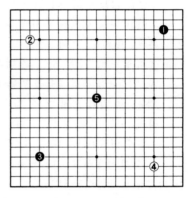

◉ 일러두기 ◉

◇**분류 방법에 대하여** 포석의 모양은 주로 黑의 첫수와 세 수째, 그리고 다섯 번째의 위치에 따라서 크게 13형으로 분류하였다. 본래 "中國류"는 화점과 맞보는 소목의 항목에, "秀策류"는 소목의 항목에, "전투 소목"은 대각선형에서 많이 발생하는 모양인데, 이것들을 독립 항목을 만들어 자세히 해설하고 있다.

◇**수순을 알기 쉽게** 한 개 항목 가운데에는 白2・4의 위치에 따라서, 혹은 黑의 걸치기나 협공의 종류 등에 따라서 돌의 흐름이 어떻게 변하는가에 대해, 또한 이 형을 아는 방법 등에 대해서 알기 쉽게 해설하고 있다. 일보의 수순을 10수 이내로 수록하여 알기 쉽게 설명하고 있다.

◇**프로의 실전보를 풍부하게** 각 항목은 모두 해설이 일단락될 때마다 가능한 한 최신의 프로 실전보를 게재하고, 그것을 포석의 시범으로써 제시하고 있다. 짧은 수수 중에서 독자는 과연 어떤 스토리를 파악할 수 있을 것인가?

◇**이 책의 조어(造語)에 대하여** 포석의 분류상 이 책의 독특한 용어를 많이 사용하고 있다. 예를 들면, "옆구리 소목", "맞보는 소목", "엇갈린 소목" 등.

제1장 ● 2연성

黑1·3의 2연성이다. 화점은 귀에서 한 수로 끝내고 세력에 중점을 두고 있기 때문에, 2연성의 포진은 빠르며 세력 위주라고 할 수 있다.

2연성의 그 후의 진출 방법은 白의 수단에 따라서 달라질 것이다. 방향으로서는 다음에 黑a의 3연성을 지향하고 있지만 가령 白2·4라고 하는 배치라면 우선 黑b로 걸치고 국면을 살펴보는 것이 보통이다.

2연성에 대한 白의 작전으로서는, 대항적인 심리로서 실리에 중점을 두거나 혹은 黑의 세력 작전을 가능한 한 분산시키려고 하는 수단, 이 두 가지가 있다.

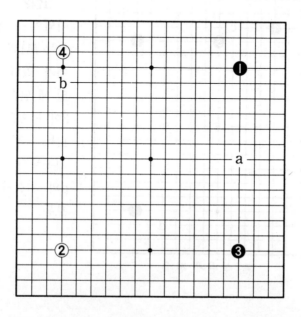

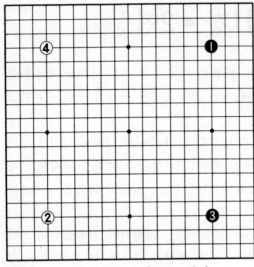

모형 · 1
• 白, 2연성

그림1 黑의 2
연성에 白도 역
시 2연성으로 대
항하는 경우.

그림 1   白, 같은 모양으로 대항.

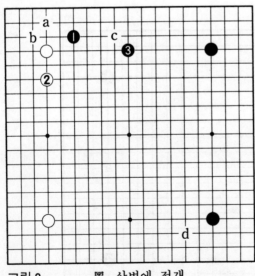

그림2 3연성
이외의 수법으
로는 黑1의 걸치
기가 있다. 白2
일 때 단순히 黑
3이나 혹은 黑a,
白b, 黑c이다.
계속해서 白도
d의 걸치기가
보통.

그림 2   黑, 상변에 전개.

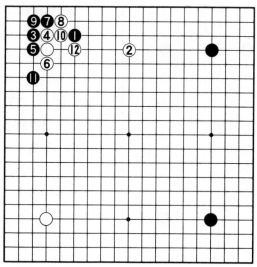

그림 3 여유있는 바둑이 될 것 같다.

그림3 黑1에 대하여 白2의 협공은 상변에 모양 펴는 짓을 꺼리는 수법. 黑3으로 침입하는 것이 상식적으로서, 이하 白12까지 실리 대 세력의 갈림이다.

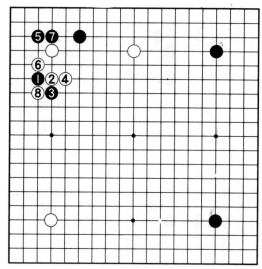

그림 4 이것도 黑의 실리 대 白의 두터운 맛.

그림4 黑이 3三으로 침입하는 대신 1의 양걸치기는 변화가 많은 수단이다. 白2의 붙임수는 이 방향. 白4일 때 黑5로 들어가는 경우가 많으면, 白8까지는 가장 대표적인 갈림이다.

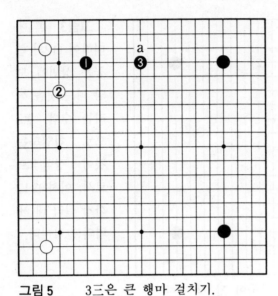

그림5 白이 양 3三인 경우를 한 가지 더 추가하기로 한다. 黑의 걸치기의 지점은 1의 目자로서 白2일 때 黑3 혹은 a로 전개하는 것이 보통이다.

그림 5   3三은 큰 행마 걸치기.

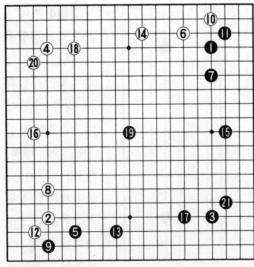

그림6 (실전예) 이것은 흉내 바둑인데, 黑의 수법에 따라서 큰 곳의 순서를 참고로 하였으면 한다. 黑19의 천원으로 흉내 바둑을 봉쇄하였다.

그림 6   高川秀格(黑) vs 橋本宇太郎

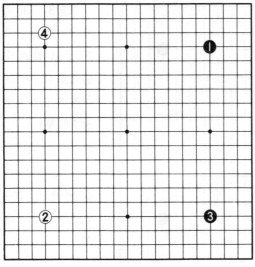

그림 1　　　　변화를 시킨다.

모형 2

●白, 화점과
소목

　그림1 白2·4
는 화점과 소목.
이와 같이 무엇
인가 변화를 구
하는 것이 보통
이다.

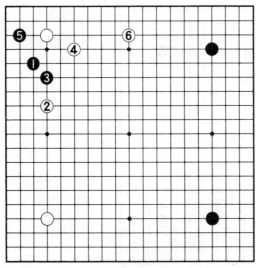

그림 2　　　　걸치기를 기다리며.

　그림2 이 화점
과 소목의 위치
는 黑의 소목에
대한 걸치기를
유도하고, 이것
을 협공하여 국
면의 주도권을
장악하려는 작
전이 포함되어
있다. 黑1 이하
白6까지는 이의
대표적인 예.

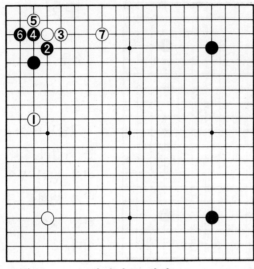

그림 3 벌리기를 겸하고.

그림3 白1의 세 칸 협공도 흔히 두고 있는 수단으로서, 이 폭이라면 白1은 화점으로부터 벌리기를 겸한 의미가 강하다. 黑2 이하는 빨리 안정하려는 정석.

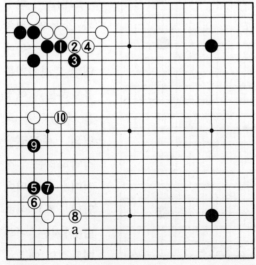

그림 4 관련된 구도.

그림4 앞 그림에 이어 黑1·3을 활용하고 나서 5로 걸치는 것은 이에 관련된 수법으로서 전쟁의 양상을 나타내고 있다. 黑1을 a로 걸쳐도 무방하다.

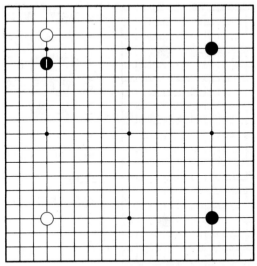

그림 5   협공을 꺼리는 걸치기.

그림5 黑1의 한 칸 높은 걸치 기는 白의 협공 을 완화한 수법 이라고 할 수 있 다. 日자 걸치기 에 비하여 이쪽 이 가볍고 중앙 에로의 진출도 편안하다.

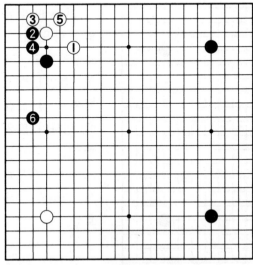

그림 6   부드러운 진행.

그림6 白1의 日자는 부드러 운 착상. 黑의 2 연성에 향하여 눈을 번뜩이고 있다는 의미도 있고, 전국적으 로 균형이 유지 된 수단이다. 黑 6까지 부드러운 진행.

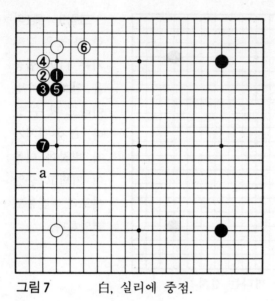

그림 7　白, 실리에 중점.

그림7　黑1의 걸치기에 白2의 아래쪽 붙임수는 귀에 중점을 둔 것. 黑7까지는 기본 정석이다. 이 다음에 白a는 즉시 두고 싶은 호점이다.

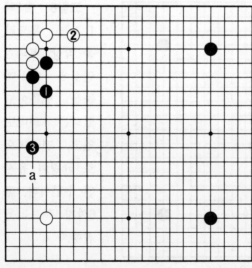

그림 8　벌리기의 차.

그림8 白의 붙임수 다음 黑1의 호구치기도 정석. 黑3의 벌리기까지 앞 그림에 비하여 黑은 한 걸음 다가서고 있다. 계속해서 白a는 역시 호점.

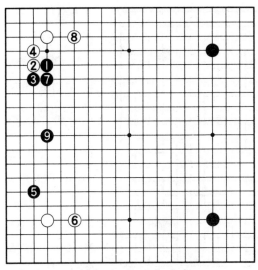

그림 9   黑이 크게 구축한다.

그림9 黑1에서부터 白4일 때 黑5로 먼저 걸치고 9까지는 좌변에서 능률적인 수단. 따라서 白은 이에 반발하여 6의 뛰기로 9 정도로 협공하는 변화도 생각할 수 있다.

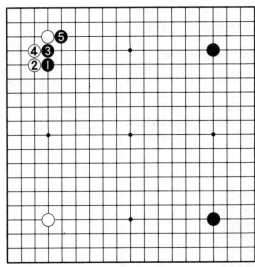

그림10   눈사태 모양.

그림10 白2의 아래쪽 붙임수에 대하여는 黑3·5의 밀어 붙이기도 있다. 黑은 2연성이니만큼 밀어 붙이기에 의하여 세력을 오른쪽으로 향하게 하는 것이 유력하다고 할 수 있다.

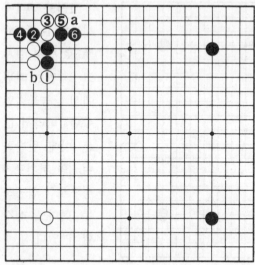

그림11　　白 1 은 두지 않는다.

그림11 밀어 붙이기형에 대해서 좀더 추구해 보기로 하자. 앞 그림에 이어 白1의 젖히기는 적당치 않다. 黑2에서 6이 되고 白의 축머리가 불리하기 때문에 a로 기어도 黑b로 끊는다.

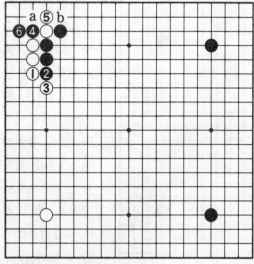

그림12　　큰 눈사태로.

그림12 따라서 한 수 더 白1로 뻗고 黑2일 때 거기서 白3으로 젖혀 큰 밀어 붙이기로 발전하는 경우가 많을 것이다. 黑6일 때, 白a나 b, 여기가 큰 분기점이다.

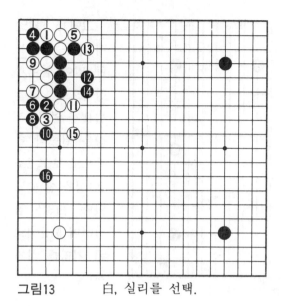

그림13   白, 실리를 선택.

그림13 우선은 白1의 안쪽 꼬부리기인데, 이것은 귀의 黑을 잡으려고 하는 수단. 이하는 정석이지만 白은 실리를 차지하고 黑을 중앙에서 공세를 하는 갈림이다.

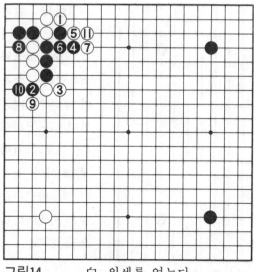

그림14   白, 외세를 얻는다.

그림14 白1의 바깥쪽 꼬부리기. 이번에는 黑이 실리를 얻고 白은 외세이다. 黑의 2연성의 세력을 지우려고 한다면 白1의 바깥쪽 꼬부리기가 적절하다.

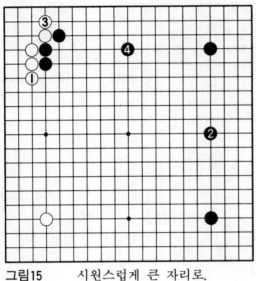

그림15　　시원스럽게 큰 자리로.

그림15 白1일 때 黑은 반드시 큰 밀어 붙이기 정석으로 나갈 필요가 없다. 좌상은 일종의 활용으로 보고 2조 3연성을 할 수도 있다. 白3은 침착하며 黑은 4로 큰 자리를 차지한다.

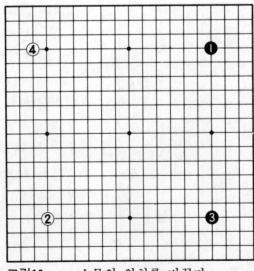

그림16　　소목의 위치를 바꾼다.

그림16 黑의 2연성에 白2·4는 역시 화점과 소목인데, 소목의 위치가 지금까지와는 다르다. 위치의 차이에 의하여 상황이 싹 바뀐다는 것은 두말할 필요도 없다.

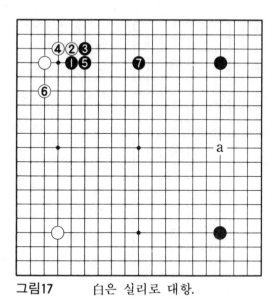

그림17 黑은 a로 2연성에 진출할 수도 있지만, 1의 걸치기가 적극적이다. 白2 이하 黑7까지가 되면 2연성에 적합하다. 세력적이며 발이 빠른 구도라고 할 수 있다.

그림17　　白은 실리로 대항.

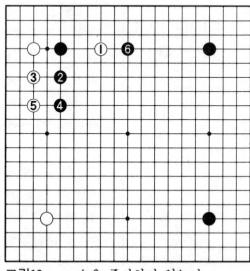

그림18 白1 등의 협공이 없는 것은 아니지만 黑2에서부터 6의 반격으로 돌아와 黑이 불리하지는 않을 것이다. 白으로써는 앞 그림의 실리로 대항하는 것이 보통이다.

그림18　　白은 좋아하지 않는다.

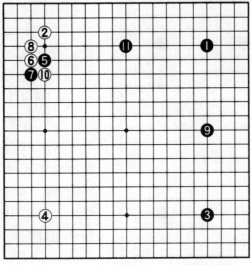

그림19   S56. 林海峰(黑) vs 佐藤昌晴

그림19 (실전 예1) 黑5의 높은 걸치기에서부터 白8까지를 교환한 다음 손을 빼고, 9의 3연성으로 향하였다. 白10의 끊기에도 黑11. 黑의 발이 빠른 포석이다.

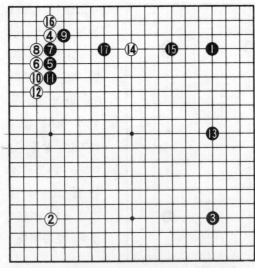

그림20   S56. 大竹英雄(黑)vs 加藤正夫

그림20 (실전 예2) 좌상귀는 黑5에서부터 11까지 큰 밀어 붙이기인데, 白은 어디까지나 싸움을 피하여 12로 뻗었다. 역시 黑은 3연성을 펴고 이하 17까지가 보통의 진행이다.

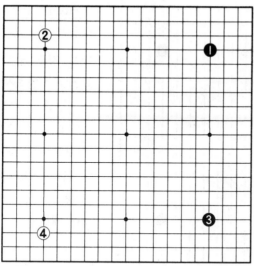

그림 1   걸치기를 맞이하고 공격.

모형 3
- ●白, 향소목
- ·기타

그림1 白의 향소목. 양쪽 모두 黑의 걸치기를 유도하여 이것을 공격하려고 하는 작전이다.

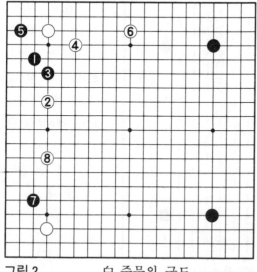

그림 2   白 주문의 구도.

그림2 黑을 아래위에 걸치게 하여 白8까지와 같은 진행이 일단 白의 주문이라고 해도 무방할 것이다. 그러나 물론 黑이 불리하다는 것은 아니다.

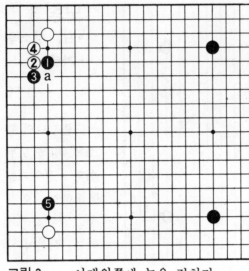

그림3 黑1의 높은 걸치기는 말할 것도 없이 협공을 완화시킨 것. 白2·4로 붙이고 끄는 것이 보통이나 a의 잇기를 보류하고 黑5로 걸치는 것이 재미있다.

그림 3　　아래위쪽에 높은 걸치기.

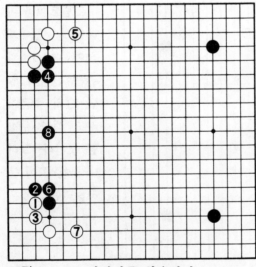

그림4 좌하도 白1의 아래쪽 붙임수라면 黑2, 白3일 때 黑4로 잇고 黑6, 白7 다음 黑8로 벌린다. 이 실전예는 흔히 볼 수 있는 모양이다.

그림 4　　벌리기를 활용한다.

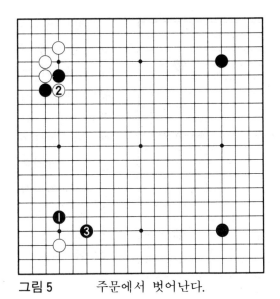

그림 5　　　주문에서 벗어난다.

그림5 앞 그림의 黑의 주문을 꺼린다면 黑1로 걸쳤을 때에 白2의 끊기가 생각난다. 黑은 3으로 씌워 외세를 얻으려는 수단. 어차피 白의 실리, 黑의 세력이라는 포석이 될 것이다.

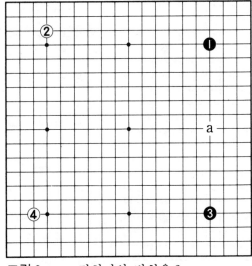

그림 6　　　걸치기의 방향은?

그림6 白2·4는 소목의 위치에 변화를 주었다. 黑a의 3연성이 아니면 어차피 소목에 걸쳐야 하는데 과연 어느 쪽으로 걸쳐야 할 것인가?

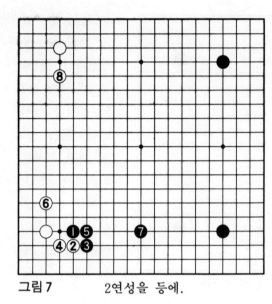

그림 7　　2연성을 등에.

그림7 절대라고는 할 수 없지만 걸치기의 방향은 좌하가 지당할 것이다. 말할 것도 없이 2연성을 배경으로 하여 싸우기가 쉽기 때문이다. 白8까지 상식적인 운용.

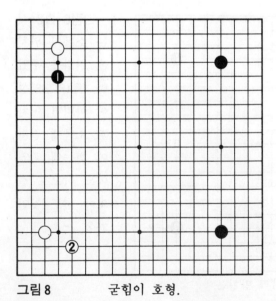

그림 8　　굳힘이 호형.

그림8 黑1로 걸치면 白2의 굳힘. 이 굳힘의 모양은 오른쪽 방향에 강하여 黑의 2연성이 하변에 미치는 힘을 어느 정도 방해하고 있다. 프로 바둑에서는 이런 예를 거의 볼 수 없다.

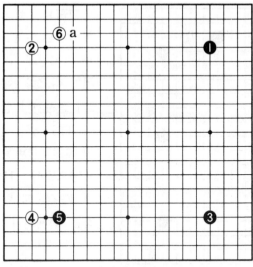

그림 9   취향의 양 소목.

그림9 白의 취향으로서 2·4로 한쪽으로 편중한 양 소목도 있다. 한쪽으로 걸치게 하고 다른 한쪽을 白6 또는 a로 굳히는 작전. 이 굳힘이 호형이라는 것은 이미 앞에서도 밝혔다.

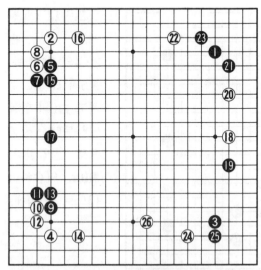

그림10   S50. 加藤正夫(黑) vs 高川秀格

그림10 (실전 예1) 白2·4의 향소목. 黑5에서 17까지는 대표적인 갈림. 좌우가 같은 모양의 정석이 되고 白18로 갈라치기이다. 白26까지 순조로운 진행이다.

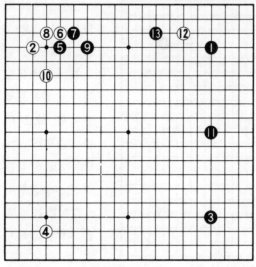

그림11 (실전 예2) 白2·4로 양 소목인데, 위치가 다르다. 黑5의 걸치기가 상식. 白6·8일 때에 黑9는 가벼운 모양으로서 11의 3연성으로 향하는 전제이다.

그림11   S56. 林海峰(黑) vs 坂田栄男

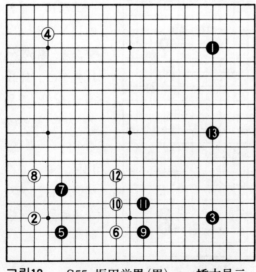

그림12 (실전 예3) 역시 白2·4의 양 소목. 黑5의 日자로 걸치고 白6의 협공에서부터 싸움으로 돌입한다. 黑9로 역습하고 13으로 3연성에.

그림12   S55. 坂田栄男(黑) vs 橋本昌二

제2장 • 3연성

黑1·3의 2연성에서는 黑5로 두어 3연성을 지향한다는 것이 가장 일반적인 사고 방식이다. 3연성을 완성시키는 시기가 문제 이지만, 예를 들어 白도 2·4의 2연성이라면 黑5는 당장에라도 두고 싶다. 白이 3三을 차지해도 결과는 같다고 할 수 있다. 白이 소목에 둔 경우에, 포석의 원칙으로서는 黑5로 소목에 대한 걸치 기이나 이에 상관없이 3연성으로 진출할 수 있다.

黑의 3연성에 대하여 白은 귀의 배치가 어쨌든 간에 a로 걸치 는 경우가 매우 많은데, 우선 이 걸치기를 둘러싼 공방전부터 연 구해 보기로 하자.

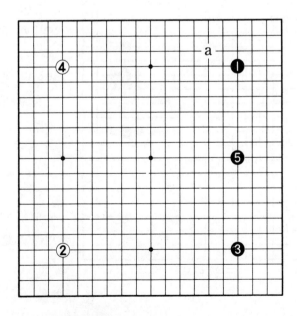

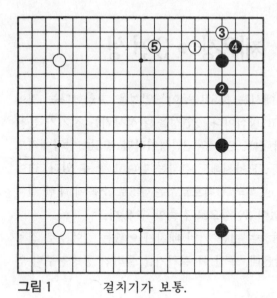

그림 1   걸치기가 보통.

모형 1

● 화점, 한 칸 뛰기

그림1 白1의 걸치기가 가장 보통이다. 黑2의 한 칸 뛰기라면 白5까지가 된다.

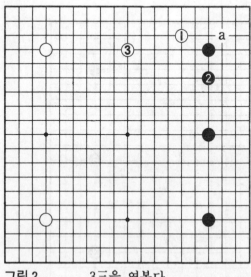

그림 2   3三을 엿본다.

그림2 白1, 黑 2일 때 白3으로 화점에 구하는 것이다. 白a의 3 三을 남겨 놓았 는데, 그 대신 3 의 구축에도 허 점이 있다. 앞 그림에 비하여 규모가 큰 수단 이라고 할 수 있 다.

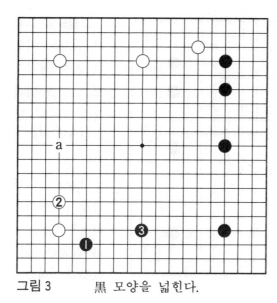

그림3 앞 그림 다음, 黑도 1로 걸치는 것이 보통의 착상일 것이다. 白2라면 黑3, 다음에 白a로 벌리면 黑도 같은 모양이 되므로 다음의 한 수가 어렵다.

그림 3   黑 모양을 넓힌다.

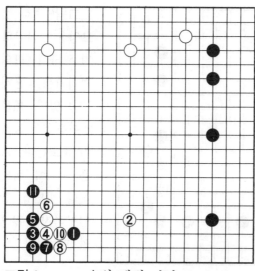

그림4 黑1의 걸치기에는 白2의 협공도 유력하다. 黑3 이하로 귀를 빼앗겼지만 세력면에서는 黑에 뒤지지 않는 포석이다. 물론 우열을 말할 수는 없다.

그림 4   白의 세력 작전.

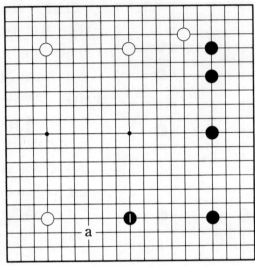

그림 5　　착실하게 넓힌다.

그림5 앞 그림의 변화를 피하여 黑이 착실하게 모양을 넓히려고 한다면 단순히 1의 벌리기이다.

다음은 白의 착점이 어려우나 a주변으로 귀를 굳히는 것이 보통일 것이다.

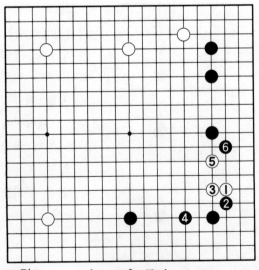

그림 6　　순조로운 공격.

그림6 黑의 큰 모양을 삭감하기 위하여 白1의 걸치기를 흔히 두고 있다. 黑은 2 이하 6의 공격이 순조롭다. 白은 이 석 점의 처리 방법을 잘 연구하지 않으면 안 된다.

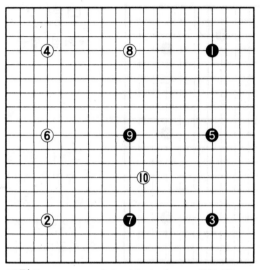

그림 7   S52. 武宮正樹(黑) vs 林海峰

그림7(실전예 1) 黑의 3연성에 白도 3연성으로 대항한 예. 白8까지는 흉내 바둑이 되었지만 黑9로 천원을 차지하여 白10에서부터는 순식간에 치열한 싸움이다.

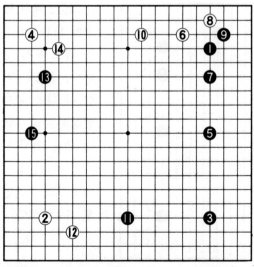

그림 8   S56. 武宮正樹(黒) vs 大竹英雄

그림8(실전예 2) 白2·4는 화점과 3三인데, 이것이라면 黑5의 3연성은 당연하다고 할 수 있을 것이다. 白6에서 黑15까지는 매우 자연스런 돌의 흐름이다.

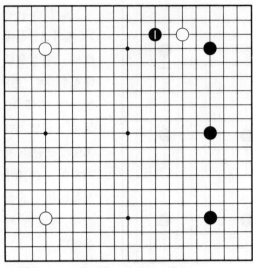

그림 1　　3연성을 살리는 협공.

모형 2
● 화점, 협공

그림1　3연성의 모양을 보다 강력하게 하는 작전으로서 黑1의 협공이 있다.

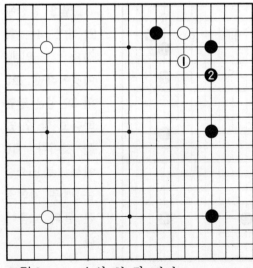

그림 2　　白의 한 칸 뛰기.

그림2 黑의 협공에 白1의 뛰기는 별로 두지 않는다. 黑2로 뛰면 이 다음 즉시 안정하는 수단이 없는 것이다. 그러나 白1이 불리하다고 단언할 수는 없다.

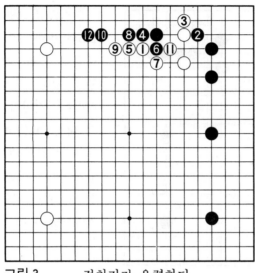

그림3 앞 그림에 이어 白1의 씌우기가 생각된다. 白11까지 소목의 한 칸 협공 정석과 비슷한 모양이 된다. 黑12의 늘어 놓기는 침착한 수단.

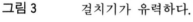

그림 3   걸치기가 유력하다.

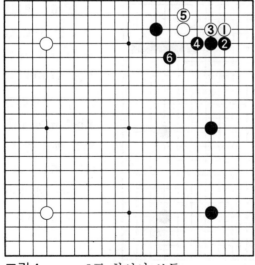

그림4 白1의 3三 침입이 가장 보통이다. 4·6으로 봉쇄하여 3연성의 모양을 두텁게 한다. 이것이 한 칸 협공의 작전이다.

그림 4   3三 침입이 보통.

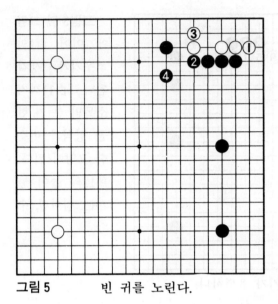

그림 5　　빈 귀를 노린다.

그림5 앞 그림 白5의 변화. 1의 내림수는 黑 모양의 뒷문을 노리려는 것이다. 그 대신 黑2·4로 이 부분이 두텁게 되는 것은 할 수 없다. 또 黑2로써 —

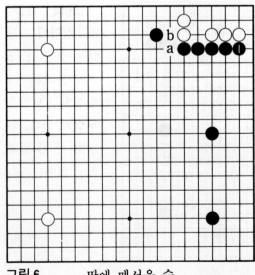

그림 6　　땅에 매서운 수.

그림6 黑1로 막고 둘 수도 있다. 白a의 노림수는 남지만 지금 당장이라면 黑b로 끊어서 충분히 싸울 수 있다는 판단. 黑1은 땅에 짠 수라고 할 수 있다.

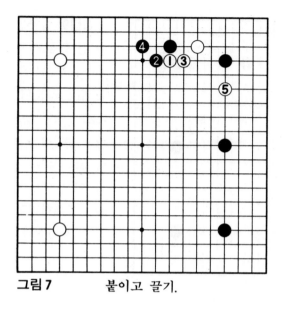

그림 7　　붙이고 끝기.

그림7 白의 다른 수단으로서 1의 붙임수가 있다. 黑2에는 白3으로 뻗고 黑4에는 白5의 반격. 단, 어려운 수법으로서 결론다운 것이 나오지 않는다.

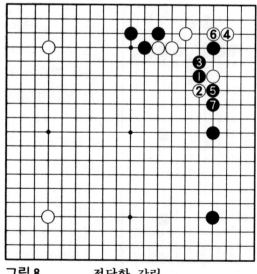

그림 8　　적당한 갈림.

그림8 계속해서 黑도 1·3의 붙여 뻗는 수로 반격하는 경우를 생각할 수 있다. 白이 양쪽에서 버티는 것이 무리이므로 黑7까지가 보통의 진행이라고 할 수 있다.

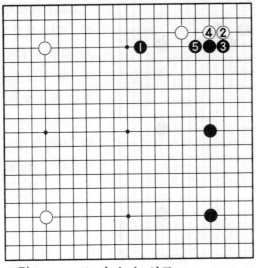

그림 9   두 칸 높은 협공.

그림9 협공은 한 칸 협공 이외에 이 두 칸 높은 협공도 있다. 白2로 들어가게 하고 黑3에서부터 5로 뻗어 역시 이선에서 白을 봉쇄하려고 하는 작전이다.

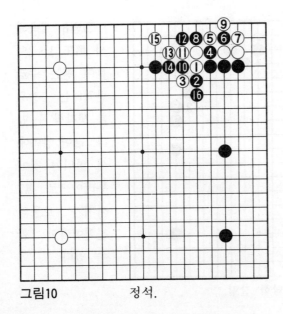

그림10   정석.

그림10 白1·3으로 저항하여도 黑4 이하의 사석 전술이 있고 黑10의 끊기에서 바깥쪽이 두터워진다. 두 칸 높은 협공의 대표적인 모양이므로 자세한 것은 정석서를 참조하여 주기 바란다.

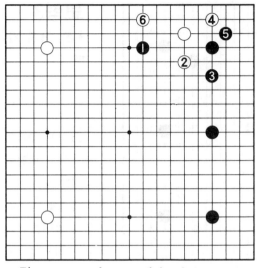

그림11 黑의 큰 모양을 제한.

그림11 黑에 외세를 주지 않는 수단으로서 白2의 뛰기에서부터 4·6의 양 미끄러지기가 있다. 약간 위치가 낮은 것이 단점이다. 黑 모양의 확대를 제한하고 있다.

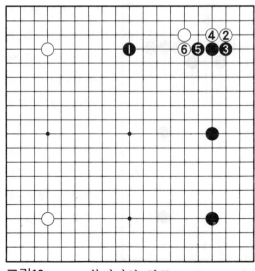

그림12 부적당한 협공.

그림12 같은 협공이라고 하더라도 黑1의 세 칸 협공은 적당치 않다. 白2 이하 黑5에 대해 白이 6으로 밀면 그림10과 같은 봉쇄 수단이 없다.

40

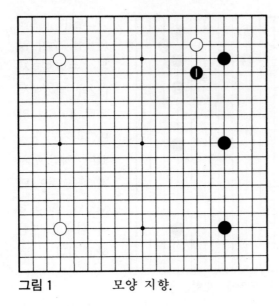

그림 1 　　　　모양 지향.

모형3

● 黑, 日자 기타

그림1 黑1의 日자의 모양을 넓히려고 하는 수법으로서 매우 자연스럽다고 생각된다.

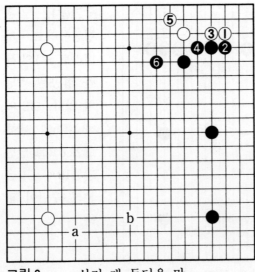

그림 2 　　실리 대 두터운 맛.

그림2 여기서도 白1의 3三은 유력하다. 黑2에서부터 6이 되어 실리 대 세력의 갈림이다. 黑4를 생략하고 a 또는 b로 큰 자리로 향하는 것도 생각할 수 있다.

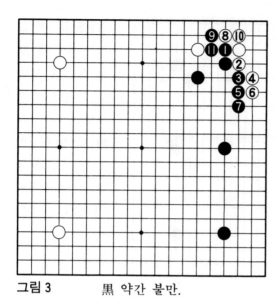

그림3 白의 3 三 침입에 黑1쪽에서 막아 11까지 되는 것은 黑이 약간 불만이라고 생각된다. 黑의 두터운 모양이 약간 중복이라는 것을 알 수 있을 것이다.

그림 3　　　黑 약간 불만.

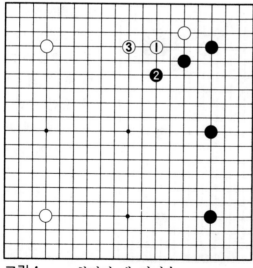

그림4 黑의 日자에 白1은 당당한 응수이다. 黑2에도 白3. 白집이 착실한 모양인 데 대하여 黑의 모양은 활발하나 미지수. 다음은 힘에 달려 있다.

그림 4　　　확정지 대 미지수.

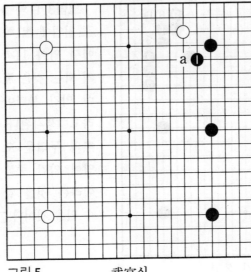

그림 5　　　　武宮식.

그림5 黑1의 口
자는 최근에 武
宮九段이 창안
한 수이다. 기분
으로는 a의 日자
와 비슷한데, 黑
1쪽이 큰 모양
작전으로서 알
기 쉬운 수라고
할 수 있다.

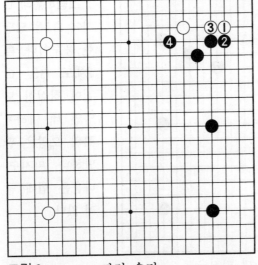

그림 6　　　　관련 수단.

그림6 역시 白
1의 3三이 상식
인데 黑2, 白3일
때 黑4의 씌우기
가 관련 수단이
다. 그림2에 비
하여 白에 대한
공격에 적극성
을 느낄 수 있을
것이다.

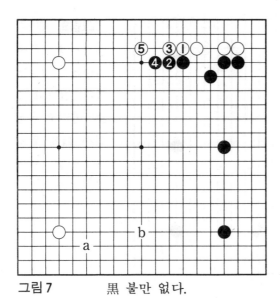

그림 7　黑 불만 없다.

그림7 앞 그림에서부터 두 가지의 변화가 있다. 白1로 밀면 黑2에서 白5까지 일단락. 계속해서 黑a 또는 b 이겠지만 작전 면에서 黑에 불만은 없다.

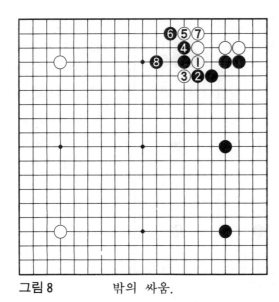

그림 8　밖의 싸움.

그림8 또 하나는 백1·3의 끊기. 이것이라면 싸움이 되는데, 이것은 3연성의 포진으로서 이것 역시 黑이 환영할 만한 것이다. 물론 白이 불리하다는 것은 아니다.

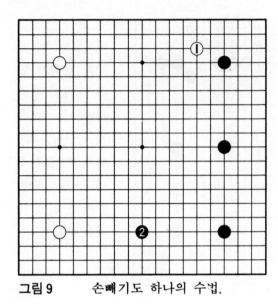

그림9 白1의 걸치기에 손빼기라는 취향도 있다. 잠자코 黑2로 벌리고 우상귀는 白에 맡기는 호흡. 발이 빠른 수단이다.

그림 9　　손빼기도 하나의 수법.

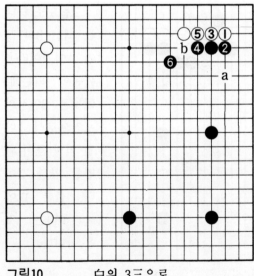

그림10 여기서도 白1의 3三이 보통이다. 黑2에서 막으면 6까지의 진행. 白1로써 a의 양 걸치기라면 黑은 b로 붙여 싸우게 될 것이다.

그림10　　白의 3三으로.

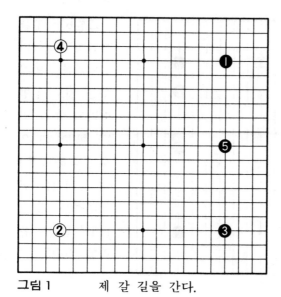

그림 1   제 갈 길을 간다.

모형4

● 白, 화점과 소목·기타

그림1 白4로 한쪽은 소목. 그래도 黑5의 3연성은 "내 길을 가고 있는 것"이다.

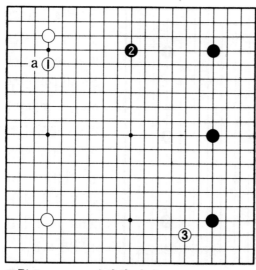

그림 2   자연의 수순.

그림2 포석의 상식으로는 白1 또는 a의 굳힘이 될 것이다. 그렇게 하면 黑2의 벌리기는 대체로 이 한 수. 계속해서 白3의 걸치기라고 하는 진행이 된다.

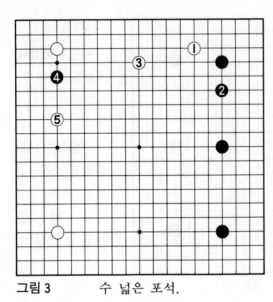

그림 3   수 넓은 포석.

그림6 굳힘을 보류하고 白1의 걸치기를 먼저 두는 것도 취향이라고 할 수 있다. 黑2에 白3으로 구축하고 黑4의 걸치기를 공격하려는 작전. 白5의 협공이 유력할 것이다.

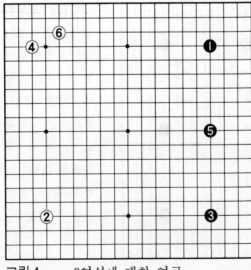

그림 4   3연성에 대한 연구.

그림4 白4의 소목의 위치는 黑의 3연성에 대한 하나의 연구이다. 黑5라면 白6의 굳힘이 黑의 상변의 발전을 제한하고 있는 모양이 된다. 黑5로 좌상에 걸친다면 보통.

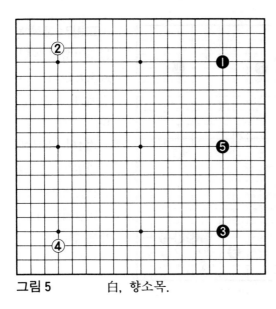

그림 5　　白, 향소목.

그림5 白2·4의 향소목. 黑5로 걸치기보다도 역시 3연성에 중점을 두고 있다. 이런 수단을 사용하면 뚜렷이 대조를 이루는 포석이 된다.

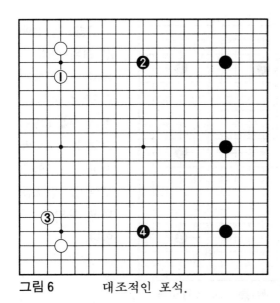

그림 6　　대조적인 포석.

그림6 白1의 굳힘에는 黑2로 벌리게 될 것 같다. 白3에도 黑4. 黑의 발이 빠른 포석인데 그렇다고 黑이 유리한 것도 아니다.

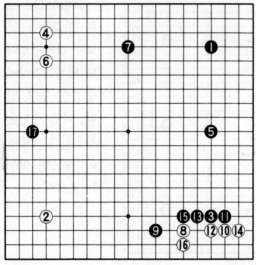

그림 7　　S56. 武宮正樹(黑) vs 趙治勳

그림7 (실전예 1) 3연성이 되면 武宮九段의 실전예가 많아진다.

白4의 소목에 상관없이 黑5의 3연성. 白8에 黑9로 협공하여 외세를 얻는다.

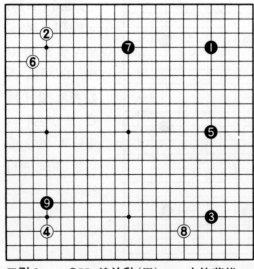

그림 8　　S55. 趙治勳(黑) vs 大竹英雄

그림8 (실전예 2) 白의 향소목. 黑5의 3연성에 白6으로 굳히고, 黑7일 때 白8로 걸쳤다. 8로써 좌하의 굳힘은 포석이 단조롭다고 보았을 것이다.

제3장 ● 화점과 옆구리 소목

黑3을 "옆구리 소목"이라고 이름을 붙인 것은 위쪽 화점과의
위치 관계에 의한 것으로서, 이 책에서 사용하기 위하여 만든 새
로운 용어이다.

黑1·3의 콤비네이션은 다음에 黑b의 굳힘을 지향하려고 하는
것인데, 이것이 실현될 가능성은 매우 높다고 본다.

따라서 굳힘수를 두게 되면 집에서 리드할 수 있는 견실한 포
석이 될 수 있을 것이다. 또한 黑b로 굳히지 않고 최근에는 黑c
로 걸치는 적극적인 수법도 이따금씩 시도되고 있다.

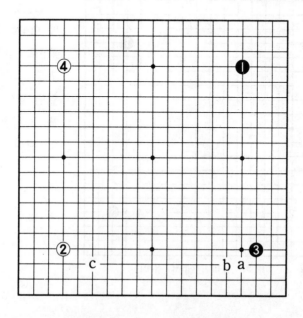

50

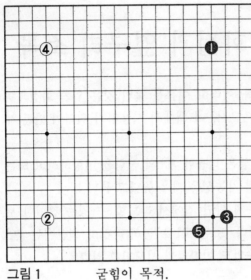

그림 1 　　　군힘이 목적.

모형 1
● 黑 군힘

그림1 黑1·3
의 콤비는 다섯
수째에 군힘을
하는 것이 중요
한 작전이다.

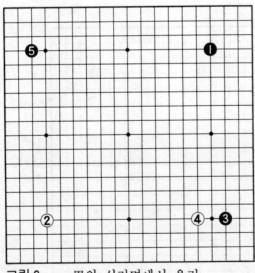

그림 2 　　　黑의 실리면에서 유리.

그림2 黑3일
때 白4로 걸치면
黑5로 남는 빈
귀를 차지하여
일단 黑이 세 귀
를 차지한 모양
이 된다.

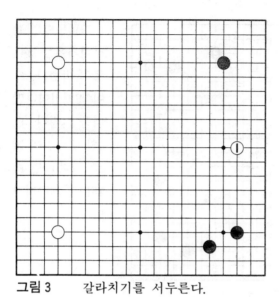

그림3 黑이 우
하귀를 굳히면
우변의 白1의 갈
라치기를   서둔
다. 白1로 물론
다른 큰 자리도
생각할 수 있지
만 黑1로 벌리면
대단한   포석이
된다.

그림 3   갈라치기를 서두른다.

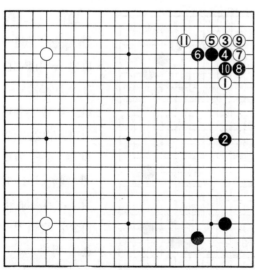

그림4 갈라치
기로써 白1로 걸
치는 것은 별로
찬성할 수 없다.
黑2의 협공이 절
호이기   때문이
다. 白11까지의
갈림은   적어도
黑에 불만은 없
을 것이다.

그림 4   黑은 불만없다.

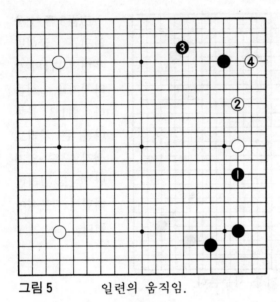

그림 5　　일련의 움직임.

그림5 白의 갈라치기에는 黑1로 육박한다. 白이 2연성이라면 더욱 그렇다. 白 2의 벌리기에 黑 3의 目자라면 白 4의 미끄러지기이다.

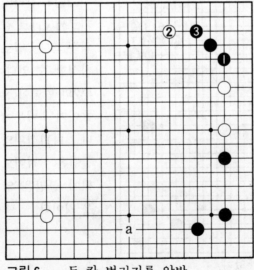

그림 6　　두 칸 벌리기를 압박.

그림6 白의 두 칸 벌림에 黑1의 口자 굳힘은 白을 압박하는 수단으로서 유력하다. 白2는 귀의 黑 집을 가볍게 제한하고 있다. 계속해서, 白a의 벌리기가 눈에 띈다.

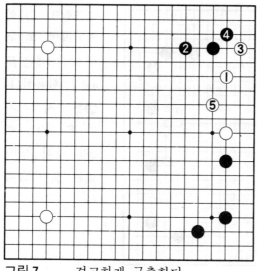

그림7 黑이 육박하였을 때 1까지 벌려, 걸치기를 겸할 수도 있다. 黑2라면 白3에서부터 5까지로 지킨다. 白이 후수지만 그만큼 견실하다.

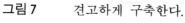

그림 7   견고하게 구축한다.

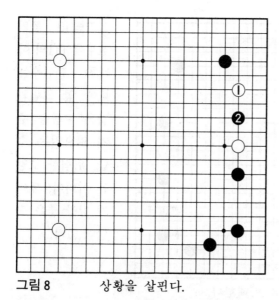

그림8 白1일 때 黑2의 침투는 상황을 살피려고 하는 것. 반드시 싸움을 하겠다는 것이 아니다. 白은 응수가 어렵다.

그림 8   상황을 살핀다.

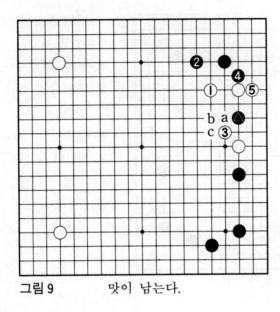

그림 9　맛이 남는다.

그림9　白1의 뛰기라면 黑2로 뛰고 白3에는 黑4를 활용한다. ♠은 사석이지만 黑a, 白b, 黑c의 맛이 남아 있는 것이 즐겁다.

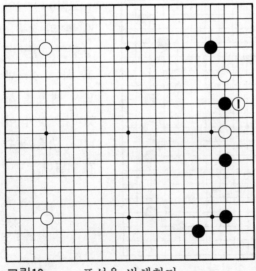

그림10　포석을 방해한다.

그림10　黑의 침투에 白1의 아래쪽 붙임수는 黑에 앞 그림과 같은 흐름을 주지 않으려는 수단. 위험한 모양은 아니며, 黑에게 당장 좋은 수단이 없다.

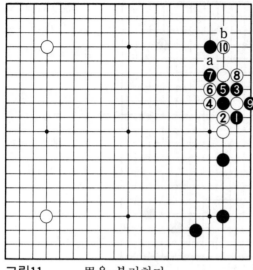

그림11 黑1로 젖히면 白2 이하 9까지가 외길. 여기서 白10의 붙임수가 멋지다. 黑a, 白b가 되어 黑은 귀가 파괴된다.

당장에 黑1을 두는 것은 별로 찬성할 수 없다.

그림11 黑은 불리하다.

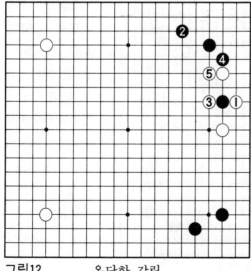

그림12 白1에 대하여는 黑2로 지키는 정도. 白 도 이대로는 맛 이 나쁘므로 3으 로 한 수 추가하 는 것이 정수이 다. 黑4를 활용 하고 이 부분은 일단락이 될 것 같다.

그림12 온당한 갈림.

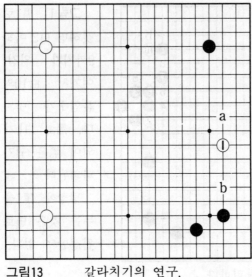

그림13 갈라치기의 연구.

그림13 白1로 갈라치기를 굳힘쪽으로 다가서는 경우도 있다. 이것은 黑의 日자 굳힘에서부터 세 칸 벌리기의 여지를 주지 않는 수법이다. 黑a라면 물론 白b.

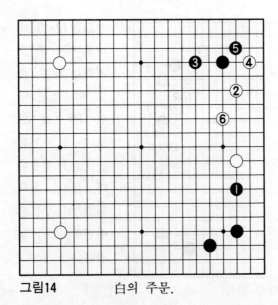

그림14 白의 주문.

그림14 日자 굳힘에서부터의 벌리기는 黑1의 두 칸이라는 것이 된다. 白2에서 6까지라면 부드럽다. 일단 白의 주문대로이나 黑이 불리할 까닭은 없다.

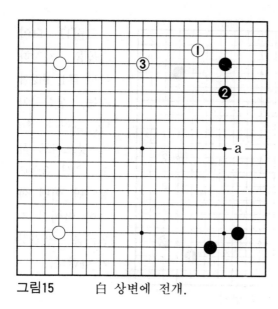

그림15 白의 갈라치기는 상식적이지만 이 밖에 白1로 걸치는 것도 한 판의 바둑이다. 黑2라면 白3. 계속해서 黑a로 벌려 큰 모양의 바둑이 될 것 같다.

그림15   白 상변에 전개.

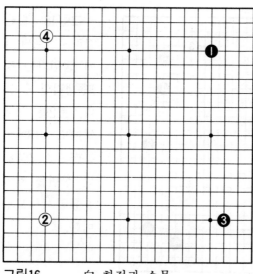

그림16 黑3일 때 白4로 소목을 차지하였다. 白이 2연성(또는 3三)의 경우에 비하여 포석의 진행 방법이 다소 달라진다는 것에 주목하여 주기 바란다.

그림16   白, 화점과 소목.

58

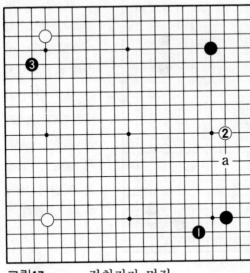

그림17 白이 소목을 차지하여도 黑1, 白2까지는 상식적이다. 그러나 黑a는 맞보기로 하고 우선 3으로 걸치면 어떤 싸움이 벌어질 것인가를 생각하기 바란다.

그림17   걸치기가 먼저.

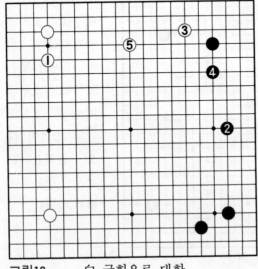

그림18 白은 갈라치기로써 1에 굳힌다는 것도 생각할 수 있다. 黑2를 허용하여도 白3에서부터 5로 구축하면 상변을 제법 훌륭히 큰 모양이다.

그림18   白 굳힘으로 대항.

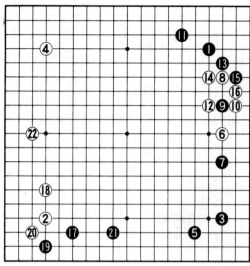

그림19 S56. 加藤正夫(黑) vs 大竹英雄

그림19 白의 2연성. 6의 갈라치기에 黑7로 육박하고 이하 白16까지의 절충이 되었다. 선수를 얻은 黑이 17로 걸치면 白22까지로 일단락이다.

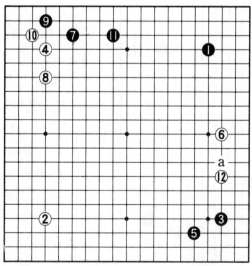

그림20 S56. 趙治勳(黑) vs 加藤正夫

그림20 역시 白1의 2연성인데 6의 갈라치기에 대하여 黑a를 맞보기로 하고 먼저 7로 걸쳤다. 白12의 두 칸 벌리기는 日자 굳힘의 위력을 방해하는, 역시 큰 수단이다.

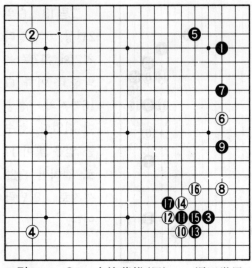

그림21　S54. 大竹英雄(黒) vs 坂田栄男

그림21 白2, 4의 양 3三. 黑5일 때에 白6으로 갈라쳤다. 그래도 黑은 7의 벌리기로 육박. 白8일 때 黑9로 침투하여 급전이 되었다.

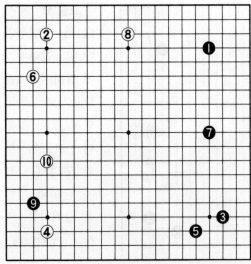

그림22　S56. 加藤正夫(黒) vs 武宮正樹

그림22 白2·4의 향소목. 黑5에도 白6으로 굳혀서 제 갈 길을 가자는 수법이다. 黑7에는 白8로 벌려 黑a로 걸치게 하고 白10의 공격으로 국면을 이끄려는 작전이다.

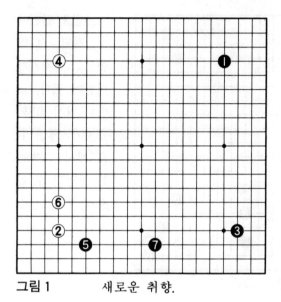

그림 1   새로운 취향.

모형2

● 黑, 미니中
國류

그림1 白4일
때 黑5로 걸치고
7로 벌리는 것이
소위 "미니中國
류"이다.

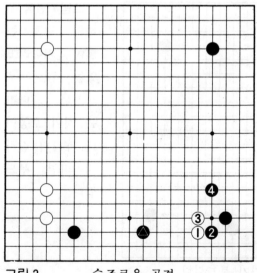

그림 2   순조로운 공격.

그림2 미니中
國류는 中國류
의 아류로서, 소
목의 굳힘을 생
략하고 빠르게
두는 수단이다.
白1로 걸치면 ●
이 위력을 발휘
하여 黑2·4의
공격이 순조롭
다.

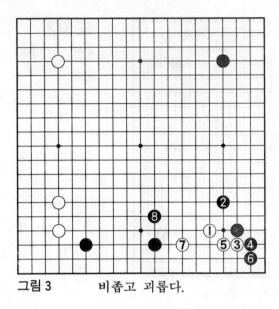

그림3 걸친다고 하면 白1의 높은 걸치기가 여유가 있다. 그러나 역시 黑2의 日자가 좋으며, 白3에서 7까지는 안정될 수 있으나 약간 협소하다.

그림 3　　　비좁고 괴롭다.

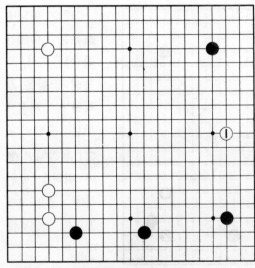

그림4 결국 우하의 걸치기는 黑이 기다리고 있는 것이므로 시기를 기다리는 것이 보통이다. 白1의 갈라치기라면 부드럽다.

그림 4　　　갈라치기가 부드럽다.

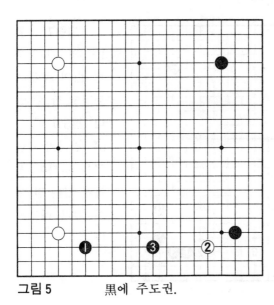

그림5 黑1의 걸치기에 白이 2로 걸치는 것은 도전적이라 해도 과언이 아닐 것이다. 黑3의 협공이 1에서의 벌리기를 겸하여 좋은 수가 되고 있다.

그림 5   黑에 주도권.

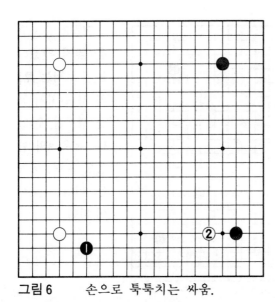

그림6 같은 걸치기라면 白2의 높은 걸치기가 다소 부드럽다. 씨름에서 먼저 손목을 잡으려고 하는 것 같은 느낌이나 黑도 다음 한 수가 어려울 것이다.

그림 6   손으로 툭툭치는 싸움.

64

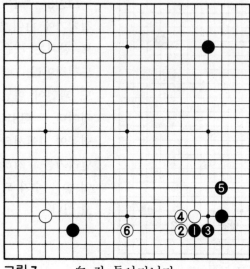

그림7　黑
1·3의 붙임수
는 白의 주문대
로라고 할 수 있
다. 黑5일 때 白
6은 벌리기와 협
공을 겸하여 활
동력 있는 한 수
가 되기 때문이
다.

그림 7　　白, 잘 돌아다닌다.

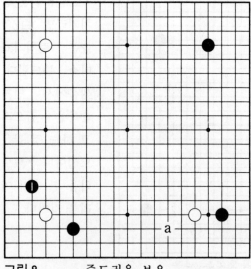

그림8 주도권
을 놓지 않겠다
는 수로서는 黑1
의 양 걸치기 등
을 생각할 수 있
다. 혹은 a의 협
공도 유력. 어쨌
든 어려운 포석
이 된다.

그림 8　　주도권을 보유.

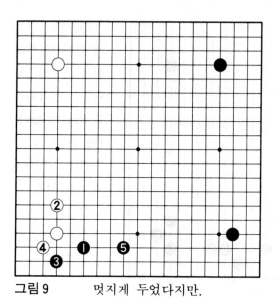

그림 9   멋지게 두었다지만.

그림9 黑1, 白 2일 때 黑3에서 부터 5는 멋진 수법인데, 이것도 역시 미니中 國류와 일맥 상통하는 포석 작 전으로서 프로 의 바둑에서 많 이 시도되고 있 다.

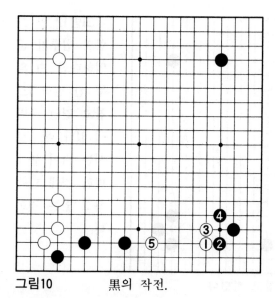

그림10   黑의 작전.

그림10 白1의 걸치기에 불편 은 없어 보이지 만 黑2·4가 약 간 재미있는 수 단이다. 白5는 "이립 삼권"의 원칙에 따른 세 칸 벌리기이지 만—

66

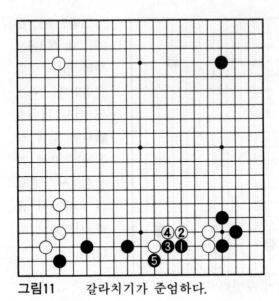

그림11　갈라치기가 준엄하다.

그림11 당장에 黑1로 침투하여 전면적으로 白을 공격하려는 작전이 있다. 白2의 붙임수 정도인데 黑3·5로 간단하게 건너간다.

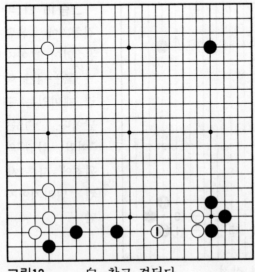

그림12　白, 참고 견딘다.

그림12 앞 그림의 침투가 준엄하다면 白1의 두 칸 벌리기로 참고 견딜 수밖에 없다. 黑으로서는 白이 좁게 벌린 것에 만족하고 있는 것이다.

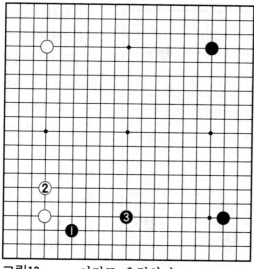

그림13 이것도 유력하다.

그림13 黑1에서부터 3의 전개는 실전에서는 별로 두지 않고 있지만 미니中國류나 그림19가 성립하는 이상 같은 사고 방식으로서 이것도 유력하다고 생각한다.

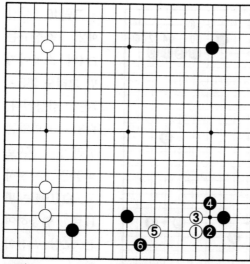

그림14 黑6이 순조롭다.

그림14 白1의 걸치기에는 역시 黑2·4. 白5일 때 黑6이 좋은 공격이 된다.
그러나 그림9 다음은 별로 일반적이 아니며 취향의 틀에서 벗어나지 않는 포석법이다.

68

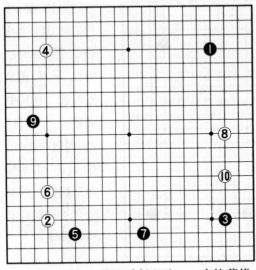

그림15　　S56. 藤沢秀行(黒) vs 大竹英雄

그림15 (실전 예1) 黑5에서부터 7로 미니中國류의 구축. 白8의 갈라치기가 黑의 작전에 말려 들지 않는 수법이다. 黑a, 白10까지 여유 있는 포석이라고 할 수 있다.

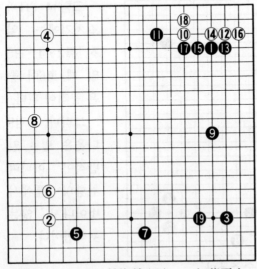

그림16　　S54. 林海峰(黒) vs 加藤正夫

그림16 (실전 예2) 좌상귀는 白4의 소목이지만 그래도 黑5·7은 취향이다. 白8은 재미있는 벌리기. 黑9로 화점을 차지하고, 白10에는 黑11로 협공하여 큰 모양 작전이다.

제4장 ● 화점과 맞보는 소목

黑3을 "맞보는 소목"이라고 이름붙인 것은 우상의 화점에 대면하는 소목이라는 뜻이다. 제3장의 "옆구리 소목"과 구별하기 위하여 편의상 만든 용어인데 일반적으로는 별로 사용되지 않고 있다.

黑1·3의 배치는 반드시 a의 굳힘을 지향하고 있는 것이 아니며, 오히려 白이 걸치게 하고 이를 협공함으로써 주도권을 장악하려고 하는 작전이 다분히 포함되어 있다.

白의 배치는 여러 가지로 생각될 수 있는데 2연성과 그림과 같은 화점과 옆구리 소목이 黑에 대한 대항책으로서 가장 많다.

또 黑1·3은 中國류와도 연계되어 있지만, 이에 대하여는 다른 장에서 자세히 설명하기로 한다.

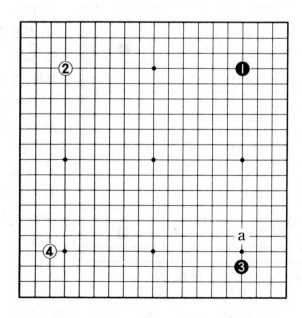

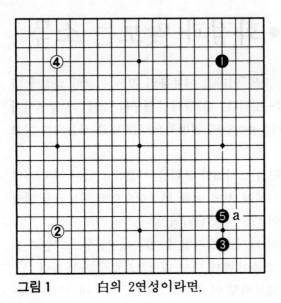

그림 1　　　白의 2연성이라면.

모형 1

● 白1 화점과
옆구리 소목

그림1 白이 2
연성의 경우에
는 黑5 또는 a로
굳히는 것이 상
도라고 할 수 있
다.

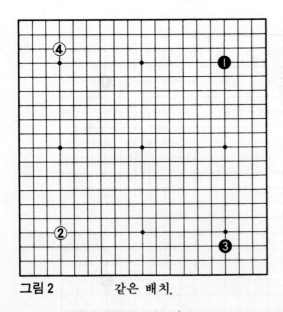

그림 2　　　같은 배치.

그림2 백도 역
시 화점과 맞보
는 소목. 이것은
黑과 白이 같은
모양인데 특별
히 다른 면도 없
다. 계속해서 黑
이 우하귀를 굳
히거나 혹은 좌
상에 걸치거나
이다.

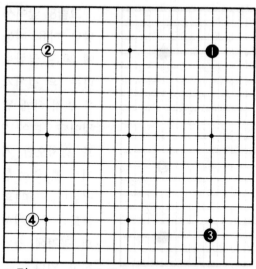

그림3 黑1·3에 대하여 白2·4의 배치는 큰 의미가 있다. 특히 白4의 소목의 위치에 주목해 주기 바란다. 이 장에서는 이것을 하나의 테마로 정했다.

그림 3　白, 화점과 옆구리 소목.

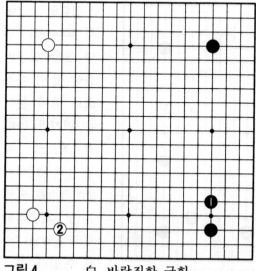

그림4 계속해서 黑1로 굳히면 白도 2로 굳힌다. 白2는 크게 보아 黑의 한 칸 굳힘의 발전 방향을 제어하고 있으며, 이것은 바람직한 굳힘의 방향이다.

그림 4　白, 바람직한 굳힘.

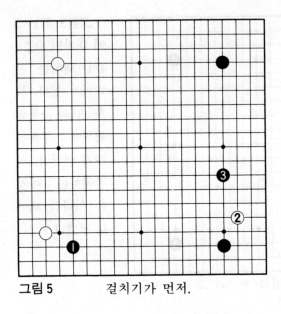

그림 5　　걸치기가 먼저.

그림5 앞에서 말한 이유 때문에 黑은 굳힘보다는 1의 걸치기를 먼저 하게 될 것이다. 白이 2로 걸쳐오면 거기서 黑3으로 협공한다. 黑1의 돌도 우하에서의 공격에 참가하고 있다.

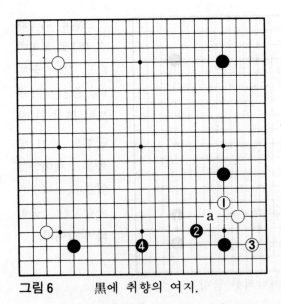

그림 6　　黑에 취향의 여지.

그림6 白1에서 黑4까지는 두 칸 높은 협공의 유명 정석. 이것으로 黑에 불만은 없지만 좀더 적극적으로, 예를 들면 黑2에서 a로 급소를 찌르는 것 같은 취향도 유력하다고 볼 수 있다.

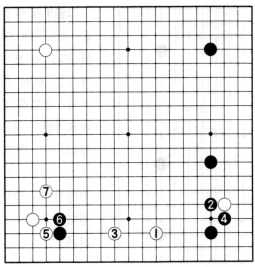

그림7 黑의 두 칸 높은 협공에 白1로 변화하는 것이 재미있는 수단. 黑2・4를 허용하고 白5의 ㅁ자 붙임수로 좌하에서 주도권을 장악한다.

그림 7　　白, 우하를 포기.

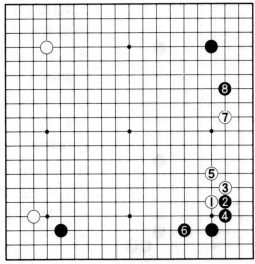

그림8 黑의 협공이 싫다면 白1의 높은 걸치기를 생각할 수 있을 것이다. 黑2・4의 정석을 선택하면 이하 黑8까지의 진행이 될 것 같다.

그림 8　　협공을 꺼린다.

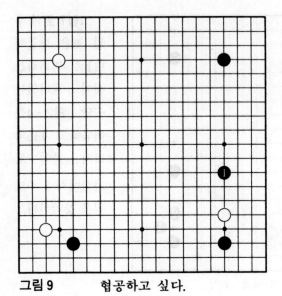

그림 9 협공하고 싶다.

그림9 白의 높은 걸치기에 대해서도, 이 포석에서는 黑의 협공이 준엄하다. 대표적인 것은 黑1의 두 칸 높은 협공인데, 이 공방전을 좀더 검토해 보기로 하자.

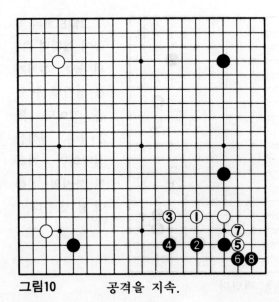

그림10 공격을 지속.

그림10 白1·3으로 뛰면 진출에 지장은 없지만 黑8까지 공격은 지속되고 있으며, 일단 작전은 계획대로 진행되고 있다. 더구나 아직도 문제는 남아 있다.

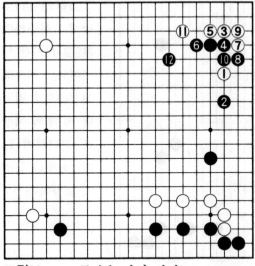

그림11   두터운 맛이 산다.

그림11 우변을 白이 어떻게 가르는가 하는 문제이다. 白1의 걸치기라면 黑2의 협공은 이 한 수. 黑12까지의 두터운 맛은 아래쪽에 白이 약한 돌이 있기 때문에 활용될 수 있을 것이다.

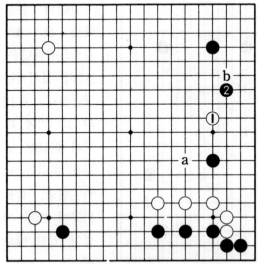

그림12   육박하고 상황을 살핀다.

그림12 白1로 아래쪽에 접근하는 것은 어떨까? 이번에는 黑2로 육박하고 상황을 살피게 될 것이다. 2로써 a하면 白b의 걸치기로써 재미가 없다.

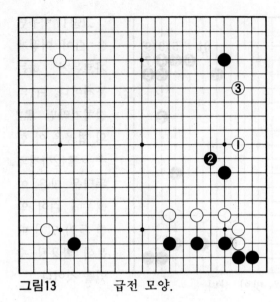

그림13 白1로 낮게 협공하면 黑2로 ㅁ자를 할 것이다. 계속해서 白3으로 걸치면 이 후의 예상은 간단하지 않다. 어쨋든 급전의 모양이다.

그림13   급전 모양.

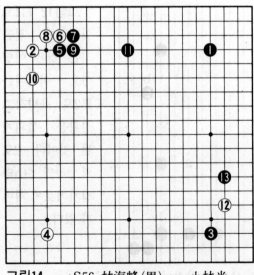

그림14 (실전 예1) 白2·4의 향소목이라면은 黑5의 걸치기는 당연하다. 白12의 걸치기에 대하여 黑13은 급전을 하려는 한 칸 협공. 물론 위쪽에 黑의 세력이 있기 때문이다.

그림14   S56. 林海峰(黑) vs 小林光一

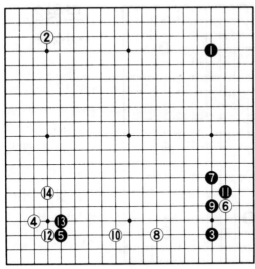

그림15 黑7의 급한 한 칸 높은 협공에 대해 움직이면 黑의 페이스로 보고 8, 10으로 변신을 도모한다. 白 12·14가 좋은 공격수. 이 수법은 坂田九段도 애용하고 있다.

그림15　　S56. 林海峰(黑) vs 小林光一

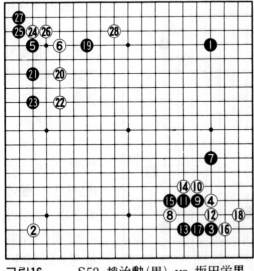

그림16 白4로 즉시 걸친 것이 재미있다. 黑5에도 白6의 걸치기. 黑은 우선 7의 협공으로 형태를 정돈하고 계속해서 19로 좌하로 싸움을 옮겨 간다. 이 한 칸 높은 협공도 많이 두어지고 있다.

그림16　　S52. 趙治勳(黑) vs 坂田栄男

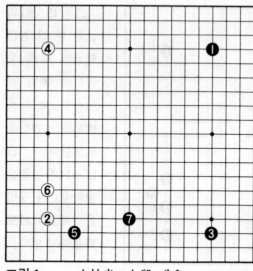

모형2
● 小林류

그림1 白이 2의 화점인 경우, 黑5·7로 구축하는 것이 "小林류"라고 하는 것이다.

그림 1   小林光一九段 애용.

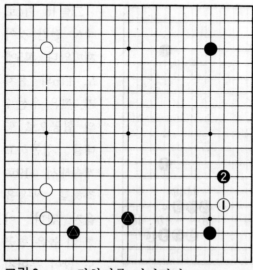

그림2 小林류의 노림은 우하귀의 白이 걸치기를 기다려 이것을 적극적으로 공격하려고 하는 것. 예를 들어 白1이라면 黑2이다. ▲이 귀중한 전력이라는 것은 두말할 필요도 없다.

그림 2   걸치기를 기다린다.

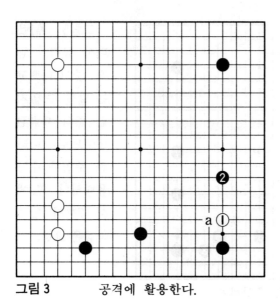

그림3 白1의 높은 걸치기에도 黑2로 협공. 그렇게 하지 않으면 小林류의 구축은 충분히 활용될 수 없다. 黑2로써 a에 붙여 하변을 영역화하려는 것은 소극적이다.

그림 3　　　공격에 활용한다.

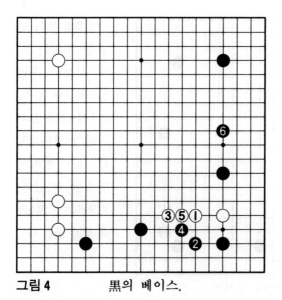

그림4 앞 그림으로부터의 진행인데, 白1·3의 뛰기라면 黑4의 들여다보기로 하변을 결정하고 黑6으로 지킬 여유가 있다.

일단 黑의 페이스라고 할 수 있다.

그림 4　　　黑의 베이스.

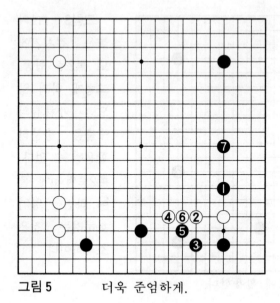

그림5 黑1은 다시 급격한 공격. 좋고 나쁘고는 말할 수 없지만 黑의 세력권 내이므로 이러한 준엄한 수가 유력하다. 黑3에서 7까지 앞과 똑같은 요령.

그림 5   더욱 준엄하게.

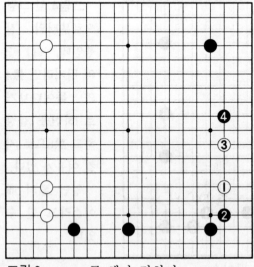

그림6 黑의 협공을 피하는 白의 걸치기 수단을 생각해 보자. 白1의 목자 걸치기라면 黑도 2의 口자로 실리에 만족할 수 있다. 白3에는 黑4의 육박이 좋은 수.

그림 6   큰 행마 걸치기.

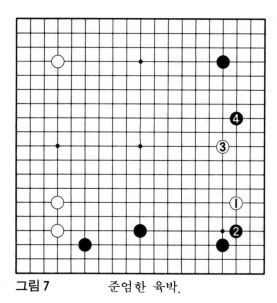

그림 7 白1, 黑2일 때 白3으로 화점까지 벌릴 수 있지만 역시 黑4의 육박이 준엄하며 白은 주의를 요한다. 다음 그림을 보기 바란다.

그림 7　　　준엄한 육박.

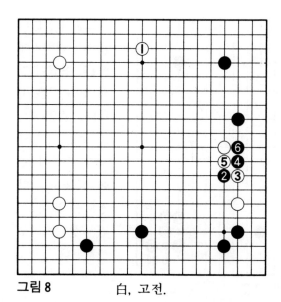

그림 8 黑의 육박에 白이 손을 빼고 윗변에 1로 벌리면 즉시 黑2로 침투할 것이고, 黑6까지 양분당하여 白은 고전이다. 역시 손빼기는 위험하다.

그림 8　　　白, 고전.

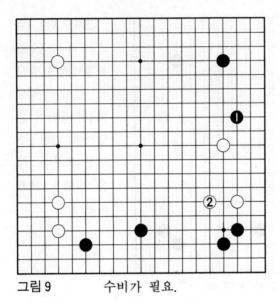

그림 9   수비가 필요.

그림9 黑1의 육박에는 白2로 수비하지 않으면 안 된다. 白은 한 수를 더 둔 셈인데, 이것은 이것대로 두텁기 때문에 그림5에 비해 열세라고 할 수 없다.

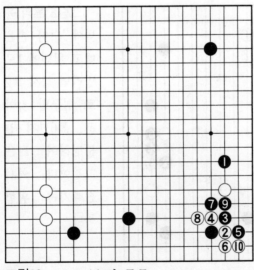

그림10   白의 주문.

그림10 白의 目字 걸치기에 黑1의 협공이 전혀 없는 것은 아니나, 白2·4라고 하는 상용의 처리 수단이 있어 10까지로 안정되면 黑이 약간 불만이라고 생각된다.

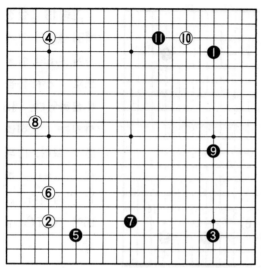

그림11 S56. 林海峰(黒) vs 趙治勳

그림11 (실전 예1) 黑5·7의 小林류에, 白은 당황하지 않고 8로 벌렸다. 黑9로 이번에는 中國류로. 白10의 걸치기에는 黑11로 협공하여 큰 모양 작전이다.

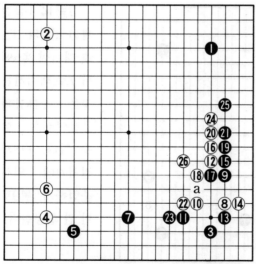

그림12 S56. 小林光一(黒) vs 加藤正夫

그림12 (실전 예2) 白8의 걸치기에 黑9로 준엄하게 한 칸 협공. 黑21은 방심할 수 없는 밀기로서 白22를 24로 뻗으면 黑a로 젖혀 끼워 위험하다.

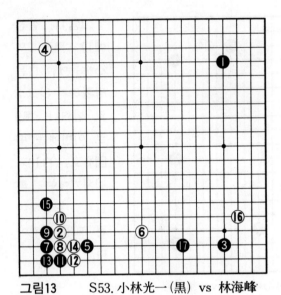

그림13　　S53. 小林光一（黑） vs 林海峰

그림13

그림13 （실전 예3) 黑5의 걸치기에 白6의 협공으로 小林류를 봉쇄하였다. 15까지는 오히려 黑의 실리, 白의 세력이라고 하는 갈림이다. 白16에 黑17은 침착.

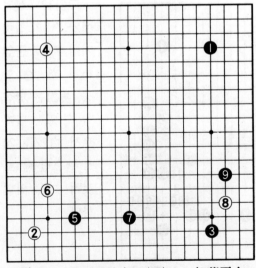

그림14　　S56. 小林光一（黑） vs 加藤正夫

그림14 （실전 예4) 白2의 3三에 대하여 黑5에서 7로 대비하는 것은 小林류의 응용이라고 할 수 있다. 白8의 걸치기에 역시 준엄하게 黑9로 한 칸 협공한다.

제5장 ● 中國류

黑1・3・5가 이미 알고 있는 "中國류"의 구축. 화점과 소목에 서는 이 中國류로 나가는 것이 최근의 주류라고 할 수 있다.

中國류를 두기 시작한 것은 약 10년 전의 일인데, 이것은 한때 의 유행에 그치지 않고 현재에도 많이 성행하고 있다. 이젠 완전 히 "시민권"을 얻었다고 해도 과언이 아닐 것이다.

中國류의 큰 방향은 3연성과 모양 작전이지만, 3연성이 비교적 단순한 배치인 데 대하여 中國류는 복잡하다. 따라서 3연성과는 달리 전략이 발생하는 것이 큰 특색이며, 인기를 상실하지 않는 이유도 바로 여기에 있다.

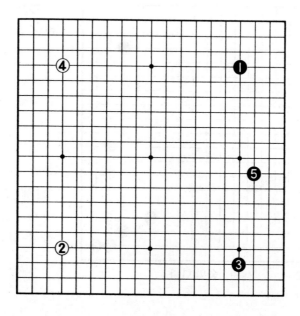

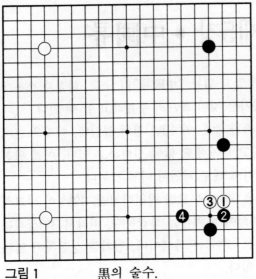

그림 1   黑의 술수.

모형 1

● 화점에 대
한 걸치기

그림1 白1의
걸치기는 黑이
기다리고 있는
것. 黑2·4의 공
격이 순조롭다.

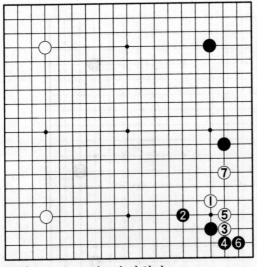

그림 2   白, 숨막힌다.

그림2 걸치기
라면 白1의 높은
걸치기가 있지
만 그래도 黑2의
日자로 둘 것이
고 白3에서 7까
지는 참으로 따
분한 모양이다.
白1의 걸치기도
시기 상조라고
할 수 있다.

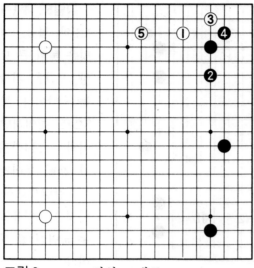

그림 3   정석 그대로.

그림3 白은 우선 변으로의 전개를 도모하려고 할 것이다. 이 경우, 상변이냐 하변이냐로 작전이 갈릴 것이다. 상변이라면 白1의 걸치기에서 5까지가 상식이다.

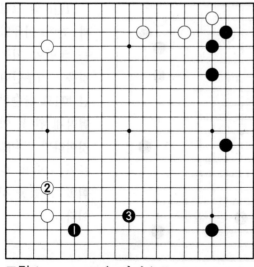

그림 4   黑은 하변으로.

그림4 상변과 하변은 이른바 맞보기와 같은 것으로서 白에 상변을 제압당한 이상 黑은 하변을 세력화한다. 黑1에서 3으로 구축하는 것이 보통일 것이다.

88

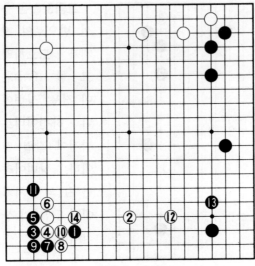

그림 5　　천천히 한다.

그림5　黑1에 白2의 협공. 이 것은 黑의 큰 모양 작전을 피하는 수단이다. 黑3으로 침입하면 이하 白14까지가 흔히 두어지는 갈림으로서, 이것은 여유있는 국면이 될 것이다.

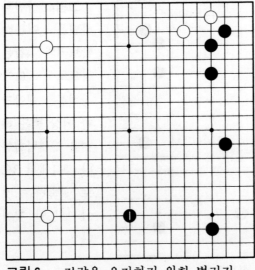

그림 6　　전략을 유지하기 위한 벌리기.

그림6 앞 그림과 같이 여유있는 국면이 되는 것을 거부한다면 黑1로 단순히 벌리게 된다. 이 것이라면 中國류의 기략을 발휘할 수 있을 것이다.

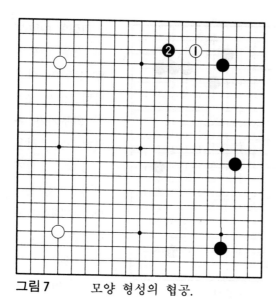

그림 7　　　모양 형성의 협공.

그림7 다시 한 번, 우상 白1의 걸치기로 되돌아온다. 黑2의 협공은 당연히 생각될 수 있다. 黑2의 목적에 대하여는 3연성의 항목에서 자세히 설명하였다.

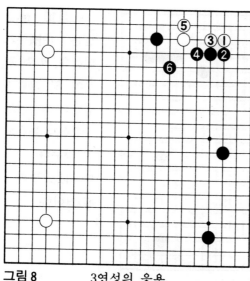

그림 8　　　3연성의 응용.

그림8 黑의 한 칸 협공에는 白1의 3三침입이 보통. 黑6까지는 대표적인 정석이다. 우상귀에 관하여는 3연성의 경우와 똑같은 사고 방식이라고 할 수 있다.

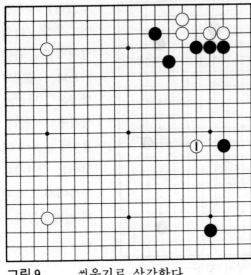

그림9 中國류의 경우 우변의 黑 모양의 삭감 방법으로서 白1의 씌우기가 유력하다는 것을 추가해서 설명하기로 한다.
단, 中國류에도 두 종류가 있다는 사실에 주의해야 한다.

그림 9   씌우기로 삭감한다.

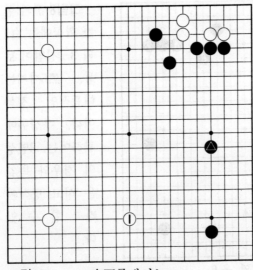

그림10 ●로 높은 中國류가 있는데, 이런 경우에 앞 그림과 같은 씌우기의 삭감은 통용되지 않는다. 단순히 白1로 벌리게 될 것이다.

그림10   中國류에서는.

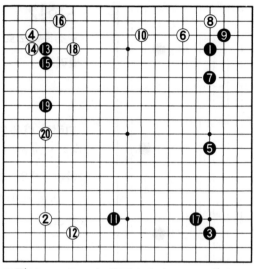

그림11　　S52. 加藤正夫(黑) vs 林海峰

그림11 (실전 예1) 黑5로 높은 中國류. 白6에서 10까지 우변을 선점하면 黑은 11로 벌린다. 黑 11은 좌우의 균형을 유지한 방어. 이것도 中國류의 구축이다.

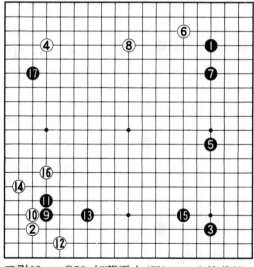

그림12　　S52. 加藤正夫(黑) vs 大竹英雄

그림12 (실전 예2) 白6, 黑7일 때 단순히 白8로 두는 것도 상투 수단에 지나지 않는다. 黑15의 방어가 역시 진기하지만, 왼쪽의 黑에 성원을 보내고 있다.

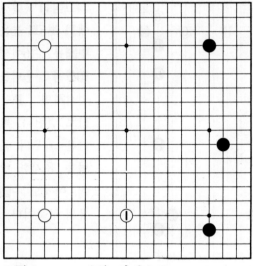

그림 1   白은 하변으로.

모형2

● 소목쪽으로
벌리기

그림1 다음은
白이 하변을 제
압하는 경우. 1
의 벌리기라면
보통이다.

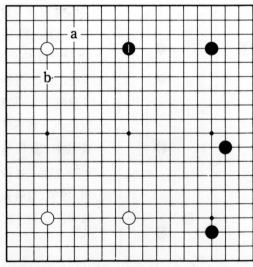

그림 2   黑은 상변으로.

그림2 黑은 1
로 상변을 차지
하게 된다. 1로
써 a로 걸치고
白b, 黑1도 있
다. 그러나 黑a
로 걸친 경우에
는 白1로 협공할
는지도 모른다.

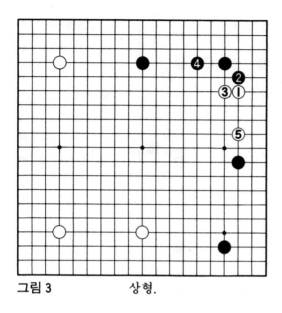

그림3 상형.

그림3 黑이 상변에 벌리면 우상 일대의 黑모양이 초점이 되고 있다. 白이 파괴하는 경우 이번에는 1의 걸치기. 黑2의 口자 붙임에서 白5까지가 상투 수단이다.

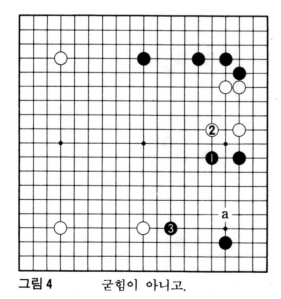

그림4 굳힘이 아니고.

그림4 계속해서 黑1의 뛰기. 白2의 뛰기가 필요할 것이므로 여기서 黑3 방면으로 벌린다. 黑a의 굳힘이 아닌 것이 中國류의 기략이다.

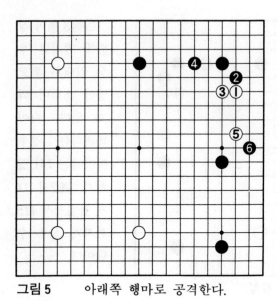

그림 5　　아래쪽 행마로 공격한다.

그림5 높은 中國류의 경우, 똑같이 진행을 시켰다면 어떻게 되는가 하면 白1에서부터 5까지로 되었을 때 黑6의 日자로 공격하는 것이 유력한 수법이 된다.

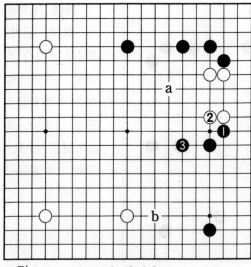

그림 6　　ㅁ자 붙임수.

그림6 黑1의 ㅁ자 붙임수도 나쁘지 않다. 白2일 때 黑3의 뛰기. 白a 정도로 한 수를 더 두면 역시 黑b 방면으로 벌리게 된다.

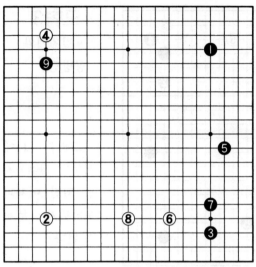

그림 7   S57. 藤沢秀行(黑) vs 林海峰

그림7 (실전예1) 黑5일 때, 白6은 굳힘을 허용하고 있어 아까운 생각도 들지만 中國류를 크게 발전시키지 않겠다는 수법이다. 白8이 되면 일단 여유 있는 포석.

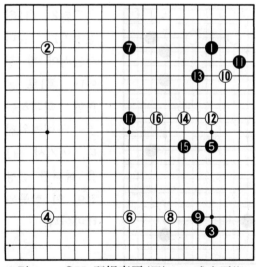

그림 8   S55. 羽根泰正(黑) vs 武宮正樹

그림8 (실전예2) 黑7일 때, 白8로 먼저 두고 나서 10으로 걸치는 형. 黑11은 白을 안정시키지 않으려는 수단. 黑13 이하로 육박한다.

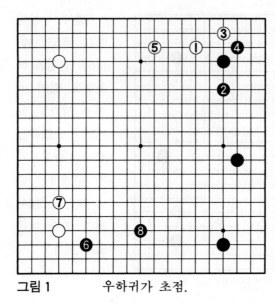

그림 1   우하귀가 초점.

모형3

● 걸치기와
공방전

그림1 白1에
서부터 黑8까지
로 되면 어차피
우하귀가 문제
가 된다.

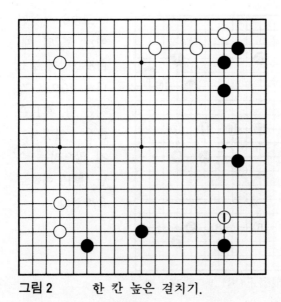

그림 2   한 칸 높은 걸치기.

그림2 白1의
걸치기는 급히
서둘러야 할 것
이다. 黑1로 굳
히면 파괴하는
것이 어려워진
다. 여기서 白1
을 둘러싼 공방
전이 이 항목의
테마이다.

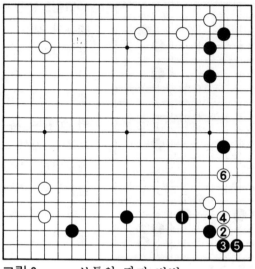

그림 3　　보통의 파괴 방법.

그림3 黑1에서 白6까지의 모양은 앞에서도 이미 소개하였다. 白은 비록 협소하지만 파괴한 가치가 크므로 참고 견디지 않으면 안 된다.

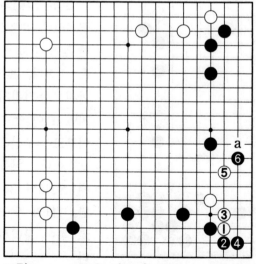

그림 4　　공수 겸용이 행마.

그림4 높은 中國류의 경우. 역시 白1에서부터 5까지일 때 黑6의 日자가 공수 겸용의 수단이 된다. 이것을 게을리하여 白a로 미끄러지게 하면 재미가 없다.

98

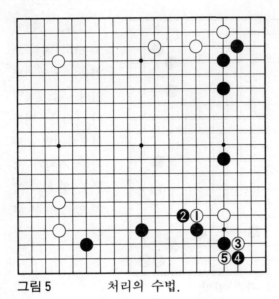

그림 5   처리의 수법.

그림5 높은 中國류의 경우, 지금까지와 같은 상식적인 수습책이 아닌 처리의 수법도 있으므로 여기서 소개하기로 한다. 白1의 붙임수 다음에 白3·5의 끊기가 맥.

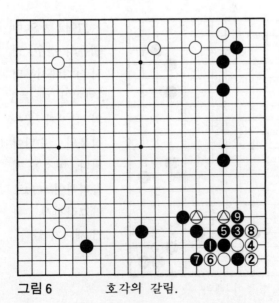

그림 6   호각의 갈림.

그림6 黑1의 끌기라면 白2로 한 점을 잡고 △은 버린다. 黑a까지 두터워지지만 白이 선수이므로 우선은 호각이다. 처음에 黑1로써 3하면, 白1의 단수로 黑이 불리하다.

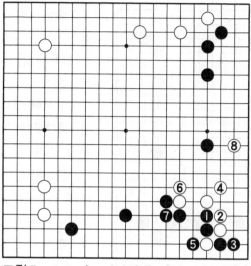

그림7 白이 끊었을 때, 黑1은 강수. 이런 경우에는 白4의 호구치기가 선수로서 8로 미끄러지는 모양을 구할 수 있다. 높은 中國류가 아니면 白은 이렇게 처리할 필요가 없다.

그림 7　　　미끄러지기의 여지.

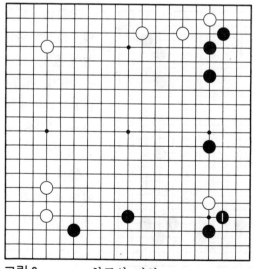

그림8 높은 中國류의 경우인데, 최근에는 1의 ㅁ자도 많이 두고 있다. 白을 안정시키지 않으려고 하는 작전이다.

그림 8　　　최근의 경향.

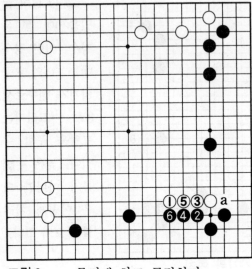

그림9 白의 대표적인 움직임은 1의 두 칸 뛰기. 黑은 2에서 6까지 두어 영토를 확장함과 동시에 白을 무겁게 하는 요령.

또 白1로써 a 하면 黑4의 日자로 黑에 이상형을 주게 된다.

그림 9　　무겁게 하고 공격한다.

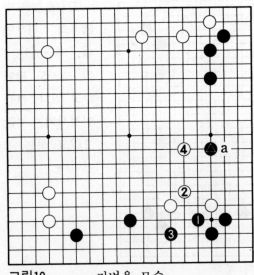

그림10 黑1일 때, 白2는 탄력성이 있는 가벼운 받기. 黑3에 白4로 씌우면 당장에 걱정이 없는 모양이다.

●이 a의 경우에도 白4까지 응용할 수 있다.

그림10　　가벼운 모습.

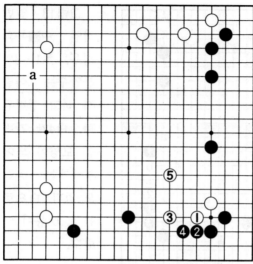

그림11 ㅁ자 굳힘수로 모양을 결정한다.

그림11 黑의 ㅁ자에 대하여 白1·3도 흔히 사용되고 있는 수단이다. 黑4일 때 白5가 좋은 모양. 우하는 이 것으로써 일단락인데, 계속해서 黑a의 걸치기로 향하게 될 것이다.

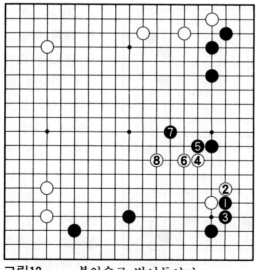

그림12 붙임수로 벌어들인다.

그림12 黑1의 아래쪽 붙임수도 있다. 영토를 확장시켜 가면서 白이 어떻게 처리할 것인지 살펴보는 것이다. 白은 4의 어깨짚기가 유력한데, 하나의 예로서 白8까지의 진행이 예상된다.

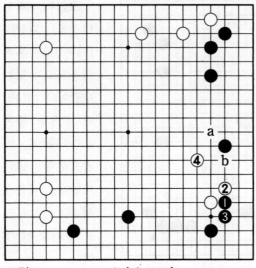

그림13 白, 가벼운 모양.

그림13 일반적인 中國류의 경우, 黑1·3의 붙임수는 어떨까 하고 생각된다. 白4가 가벼운 모양이 되어 黑에게는 공격도 없다. 白으로는 a, b 등이 노림수.

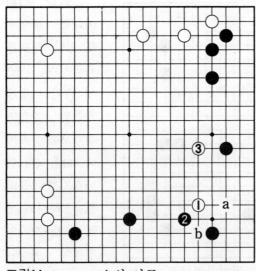

그림14 白의 연구.

그림14 黑진의 파괴 방법을 한 칸 높은 걸치기에 한하지 않는다. 白1 등도 하나의 수법으로서, 黑2라면 白3으로 씌우는 요령이다. 黑2로써 a라면 白b의 붙임수. 이 밖에 실전예에서——

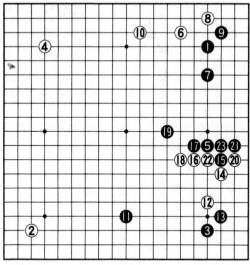

그림15   S55. 白石裕(黑) vs 加藤正夫

그림15 (실전
예) 黑11일 때
白12의 걸치기.
黑13의 口자에
白14는   당시에
새로운 수법이
었다. 黑15로 口
자 붙임을 하고
공격을 가하면
서 위쪽에 영토
를 확장해 나간
다.

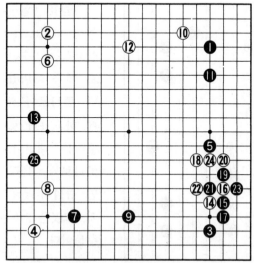

그림16   S53. 坂田栄男(黑) vs 茅野直彦

그림16 (실전
예2) 黑15·17
의 붙임수를 두
었다. 白18일 때
黑19는 이 밖에
도 여러 가지 수
단이 생각될 수
있다. 白20에서
부터 24는 좋은
처리이다.

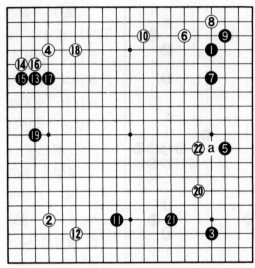

그림17 (실전
예3) 白20이 진
기한 예이다. 黑
21에는 白22. 黑
5가 낮으므로 이
와 같은 수법이
생각되었다. 5가
a라면 白20은 두
지 않는다.

그림17 S53. 加藤正夫(黒) vs 藤沢秀行

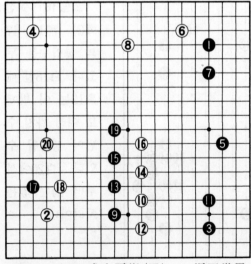

그림18 (실전
예4) 白10으로
삭감하는 수단
도 매우 재미있
다. 黑11로 굳히
게 하고 白12로
뿌리를 내린다.
黑11로써 12라
면 白11의 걸치
기. 그것은 白의
주문이다.

그림18 S50. 武宮正樹(黒) vs 坂田栄男

제6장 ● 엇갈린 소목

　"엇갈린 소목"이라고 하는 것도 여러분에게는 생소한 용어이
겠지만, 역시 이 책에서만 사용되고 있는 새로운 조어이다. "향
소목"에 비하여 벗어난 소목이므로 이런 이름을 붙였다.

　엇갈린 소목은 다섯 수째에서 우상에서 굳히는 것이 큰 목적이
다. 그러므로 a방면에 걸친 白을 협공하려고 하는 것이다. "화점
과 맞보는 소목"에 있어서의 작전과 공통되고 있는데 위쪽만을
굳히고 있는 만큼 협공의 효과는 보다 큰 것이다.

　또 黑1·3은 "秀策류"에도 통하지만 秀策류에 대하여는 앞으
로 다시 소개하기로 하겠다.

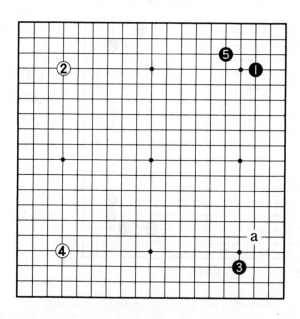

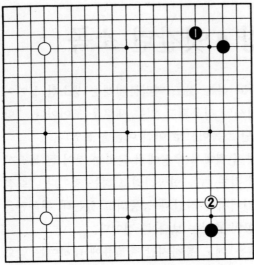

그림 1 협공을 꺼리고 높은 걸치기.

모형 1
● 白, 한 칸 높은 걸치기

그림1 엇갈린 소목의 세 수째는 黑1의 굳힘. 白은 2의 높은 걸치기가 부드럽다.

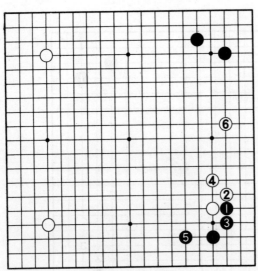

그림 2 黑, 실리를 확보.

그림2 黑1·3의 붙여 뻗기 정석으로 영토를 확보하여 黑에 불만은 없다. 白은 4의 호구치기에서 6의 벌리기가 보통. 이 포석은 많이 두어지고 있다.

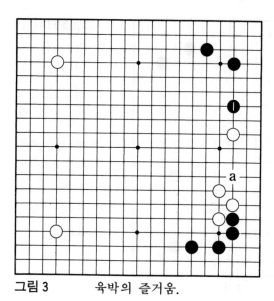

그림 3 육박의 즐거움.

그림3 정석이 마무리된 다음 黑1의 육박은 a의 침투를 노려 큰 수. 白이 2연성의 경우, 귀에 대한 걸치기를 서둘지 않기 때문에 당장에라도 黑1은 유력하다.

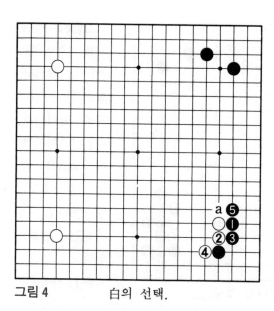

그림 4 白의 선택.

그림4 黑1의 붙임수에 대하여 白2·4의 밀어 붙이기는 당연히 생각될 수 있다. 작은 밀어 붙이기에 얽힌 축머리는 白이 유리하므로 黑5로 뻗는다. 계속해서 白a로 밀어 올리면 큰 밀어 붙이기로 발전한다.

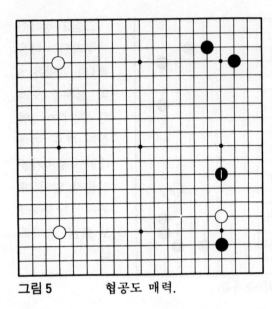

그림 5 白의 한 칸 높은 걸치기에 대해서도 黑의 협공이 유력하다는 것은 역시 "화점과 맞보는 소목"의 경우와 같다. 黑1의 두 칸 높은 협공이 대표적.

그림 5　　협공도 매력.

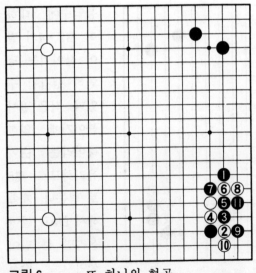

그림6 黑1로 낮게 협공하는 것도 두 칸 높은 협공과 마찬가지로 유력하다. 白2 이하의 정석이 되었을 때, 이 포석에서는 중요하다고 생각되는 변화가 있다.

黑11 다음—

그림 6　　또 하나의 협공.

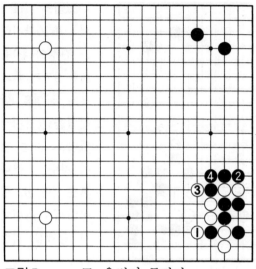

그림7 白1에서 黑4까지가 일반적인 정석인데, 黑의 굳힘과 아래쪽의 두터움과 폭이 좋아, 적어도 黑에 불만은 없을 것이다. 白1로써 변화의 여지가 있다.

그림 7　黑, 우변이 두텁다.

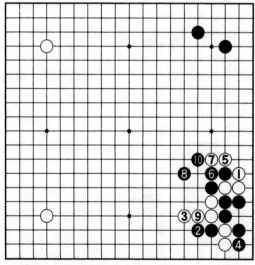

그림8 白1의 꼬부리기. 축머리 관계가 좋을 때 이 수가 성립된다는 것은 정석서에 반드시 나와 있을 것이다. 黑2 이하도 정석. 黑10 다음에—

그림 8　구부리기의 변화.

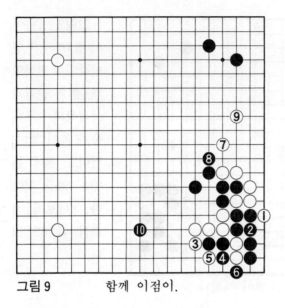

그림 9　함께 이점이.

그림9 白1에서 黑10까지라는 진행이 된다. 白은 9까지 黑의 日자 굳힘의 발전력을 저지시켰다고 하는 것이 자랑. 그러나 黑도 10으로 협공하여 하변에서 공세를 취한다.

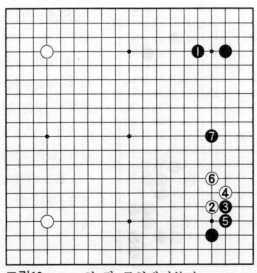

그림10　한 칸 굳힘에서부터.

그림10 黑1의 한 칸 굳힘수는 日자에 비하여 아래쪽에 대한 힘이 강하고 이로써 그 나름대로 작전을 구상할 수 있다. 白2에서부터 6일 때 黑7이 유력해지는 것도 이의 한 가지 예.

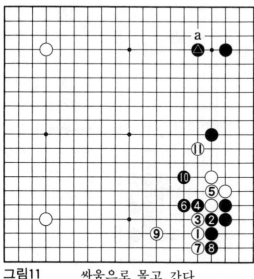

그림11   싸움으로 몰고 간다.

그림11 앞 그림에 이어, 白1의 붙임수에는 黑2에서 4로 반발. 黑10, 白11이라고 하는 싸움이 벌어지는데, 싸움이 위쪽으로 진전되었을 때 ●은 a에 있는 것보다 능률적일 것이다.

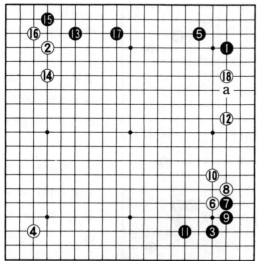

그림12   S55. 林海峰(黒) vs 加藤正夫

그림12 (실전예1) 白6으로 걸치고 12의 벌리기까지가 대표적인 형. 黑13에서부터 17일 때 白18은 큰 벌리기. 黑13을 즉시 a로 육박하는 것도 있을 것이다.

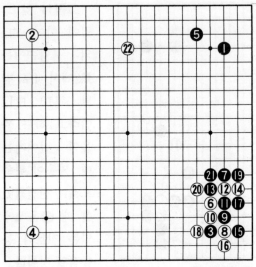

그림13 S49. 大平修三(黑) vs 藤沢秀行

그림13 (실전예) 黑7로 협공하여 이하 黑21까지의 정석이 이루어졌다. 黑의 우변이 두터워졌다고 해도 白이 불리한 것은 아니다.

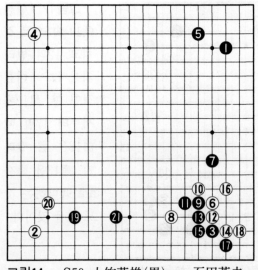

그림14 S50. 大竹英雄(黑) vs 石田芳夫

그림14 (실전예3) 白6에 黑7의 두 칸 높은 협공. 백8 이하 18까지는 정석. 도중에 黑13에서부터 여러 가지 변화가 있으므로 미리 연구해 둘 필요가 있다.

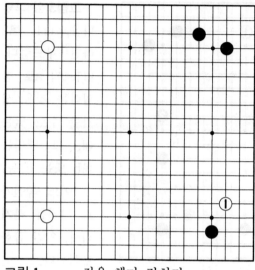

그림 1 작은 행마 걸치기.

모형 2

● 白, 日자 걸
치기·기타

그림1 白의 한
칸 높은 걸치기
의 수법에 대하
여는 우선 白1의
日자 걸치기인
데 ─

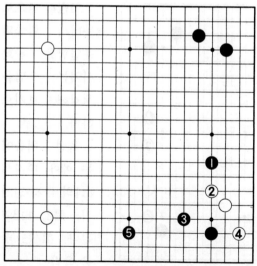

그림 2 어쨌든 협공.

그림2 어차피
黑의 협공은 당
연하다. 黑1의
두 칸 높은 협공
은 대표적인 것
이라고 해도 과
언이 아닐 것이
다. 白2에서부터
黑5까지는 정석.
프로의 실전에
흔히 나타나는
갈림이다.

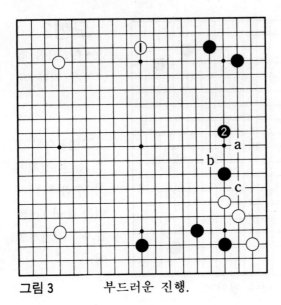

그림 3　　부드러운 진행.

그림3 앞 그림 다음, 白1, 黑2 라면 부드럽다. 白1로써 a로 침입하는 것을 생각할 수도 있는 데, 그 때에는 黑b 또는 c 등, 그 어느 쪽엔가 로 口자를 하게 되며, 약간 급한 포석이다.

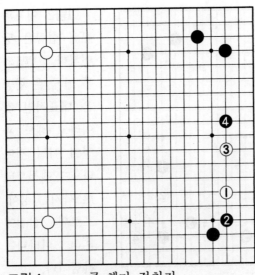

그림 4　　큰 행마 걸치기.

그림4 黑으로 부터의 협공의 준엄함을 완화 시키는 수법을 생각해 보기로 하자.

우선 처음에 는 예에 따라서 白1의 目자 걸치기. 黑2, 白3이 된다. 黑4는 좋은 육박.

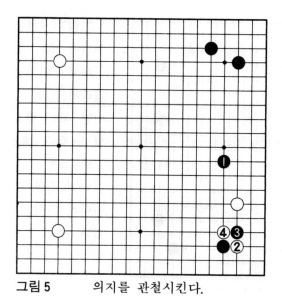

그림5 白의 目자 걸치기에 대해서도 黑의 협공은 유력하다. 당초의 작전의 의지를 관철시키는 것이라고 할 수 있다. 물론 白은 2·4의 붙여 끊기로 처리한다.

그림 5　　　의지를 관철시킨다.

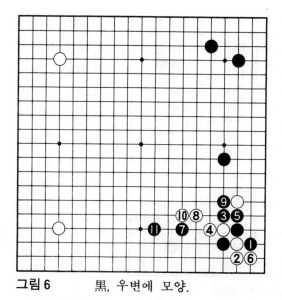

그림6 黑1 이하는 정석. 白은 귀에서 집을 차지하고 완전히 수습된 것이 자랑일 것이다. 그러나 黑도 우변에 큰 모양이 생기게 되는데, 이것은 별로 나쁘지 않은 포석이다.

그림 6　　　黑, 우변에 모양.

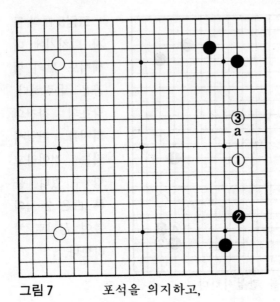

그림7 白1은 완전히 黑의 주문에서 벗어난 갈라치기. 이것이면 黑도 협공할 수 없다. 黑2로써 a면 白2. 白의 독특한 작전이라고 할 수 있다.

그림 7   포석을 의지하고,

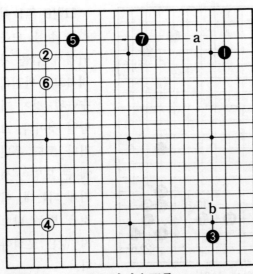

그림8 이것은 전혀 엉뚱한 국면이다. 白2가 화점에 있기 때문에 黑5를 a로 굳히지 않고 미니中國류로 구축했다. 계속해서 白b면, 어쨌든 협공하고 싶은 포석이다.

그림 8   黑, 미니中國류.

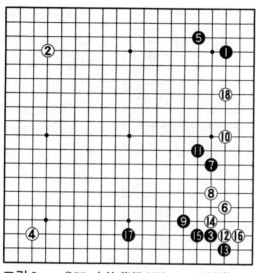

그림 9　S55. 大竹英雄(黒) vs 趙治勳

그림9 （실전예1） 白6의 日자 걸치기에 黒7로 두 칸 높은 협공. 黒9일 때 즉시 白10으로 맞협공을 하고 국면을 살피는 것은 취향이라고 할 수 있다.

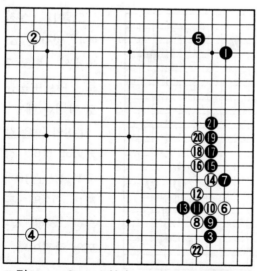

그림10　S57. 小林光一(黒) vs 趙治勳

그림10 （실전예2） 白6의 日자 걸치기에 黒7로 준엄한 한 칸 협공. 白8로 씌워 黒의 끊기를 유도하고 이하 어려운 싸움으로 발전하였다.

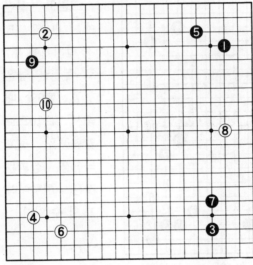

그림11   S55. 林海峰(黑) vs 趙治勳

그림11 (실전 예3) 白도 역시 "엇갈린 소목"으로 대항. 黑5에 白6으로 굳히고 黑7을 허용하였다. 白8의 갈라치기로 오른쪽은 부드럽게 끝나게 하고, 黑9에는 白10으로 공격한다.

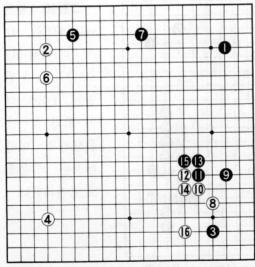

그림12   S55. 本田邦久(黑) vs 大竹英雄

그림12 (실전 예4) 엇갈린 소목에서 黑5·7로 미니中國류로 전개한 예.

白8의 높은 걸치기에 黑9로 협공하고, 白10에 黑11·13은 독특한 취향. 큰 모양 작전이다.

제7장 ● 秀策류

　黑1·3은 앞 장에서와 마찬가지로 "엇갈린 소목"인데, 계속해
서 白이 4로 걸치면 黑5로 빈 귀의 소목을 차지한다. 이것이 옛날
부터 전해오고 있는 "1·3·5 포석"인 것이다. 그리고 다시 黑a,
白b, 黑c로 되면 그 유명한 "秀策류"가 되는데, 여기서는 "1·
3·5"의 형을 모두 秀策류에 포함시켰다.

　秀策의 ㅁ자는 "두 세 집만 이기면 된다"는 수법으로서, 현대
바둑에는 어울리지 않는다. 그러나 이 바둑이 아직까지도 널리
통용되고 있으므로 여러분도 이것을 연구해 둘 필요가 있을 것
같다.

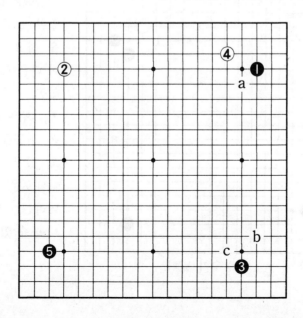

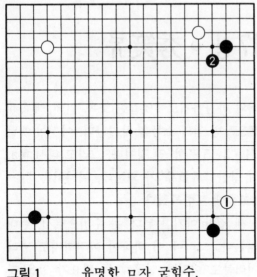

그림 1   유명한 ㅁ자 굳힘수.

모형 1
● ㅁ자의 모 양

그림1 白1의 걸치기에 黑2가 "秀策류의 ㅁ자" 라고 불리는 수 이다.

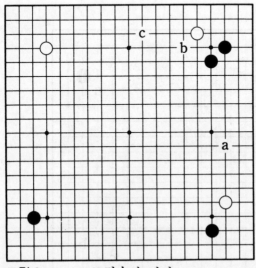

그림 2   노림수가 넓다.

그림2 ㅁ자는 발이 느린 모양 을 하고 있지만 이 다음에 黑a의 협공, b의 씌우 기, 혹은 c방면 의 협공을 노리 고 있어 오히려 다채로운 수법 이라는 견해도 나올 수 있다.

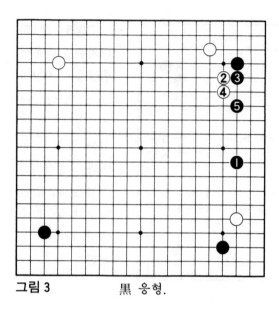

그림 3 ㅁ자를 두지 않고 당장에 黑1로 협공한 경우를 생각해 보자. 白2의 씌우기를 당해, 黑5까지 된다면 1의 한 점이 낮은 자리에 중복되고 있다.

그림 3   黑 응형.

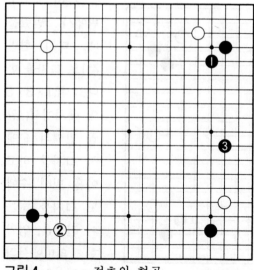

그림4 黑1로 ㅁ자를 하면 白2의 걸치기에 이번에는 당당히 黑3의 협공을 할 수 있다. 黑1은 발전을 위한 발판을 구축하는 ㅁ자라고 해도 과언이 아닐 것이다.

그림 4   절호의 협공.

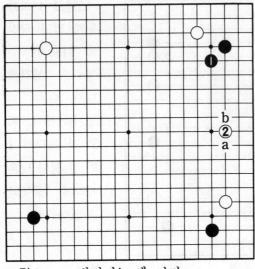

그림 5 　벌리기는 세 가지.

그림5 黑1의 口자는 다음에 협공을 지향하고 있으므로 白은 2방면으로 벌리는 것이 보통이다. 벌리기의 거점은 이 밖에도 a, b 등 셋 중에서 하나가 선택된다.

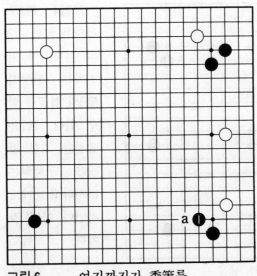

그림 6 　여기까지가 秀策류.

그림6 白이 우변에서 벌렸을 때, 다시 한번 黑1로 口자를 한다. 黑1·3·5의 배치에서, 일곱 번째의 수에서 口자를 하고 아홉 번째 수에도 口자를 하는 이 진행은, 엄밀한 의미에서의 "秀策류"인 것이다.

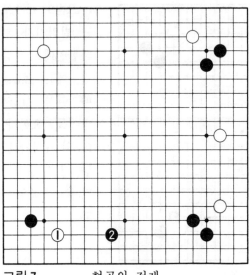

그림7 계속해서 큰 자리는 白1의 걸치기가 되는데 그러면 黑2의 협공은 당연하다. 우하귀의 口자도 이 협공의 전제라고 할 수 있다.

그림 7   협공의 전제.

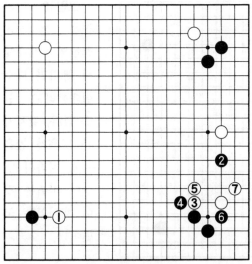

그림8 우변의 白의 벌리기에 대하여 좀더 설명하기로 한다. 白1일 때, 가령 黑2의 갈라치기라면 白3으로 붙이는 수법이 있는데, 黑6에도 白7로써 곤란한 모양은 아니다.

그림 8   침투에 대한 대책.

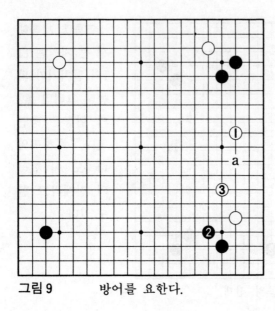

그림9 白1로
는 벌리기가 최
대한인데, 이럴
경우에는 黑2일
때 일착 白3의
방어를 요한다.
白3의 日자가 모
양. 3을 생략하
면 黑a가 준엄하
다.

그림 9   방어를 요한다.

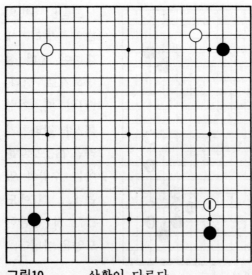

그림10 白1의
높은 걸치기는
秀策의 시대에
서 본다면 다소
현대류라고 할
수 있다. 걸치기
가 낮은가 높은
가에 따라서 양
상이 바뀌는 것
이 재미있는 국
면이다.

그림10   상황이 다르다.

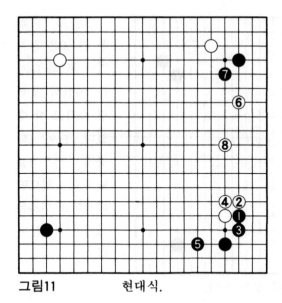

그림11 현대식.

그림11 白의 높은 걸치기에는 黑1·3의 붙임수가 보통. 黑5일 때 白6으로 협공하고 8로 지키는 것이 하나의 수순이다. 이렇게 되면 현대의 포석이다.

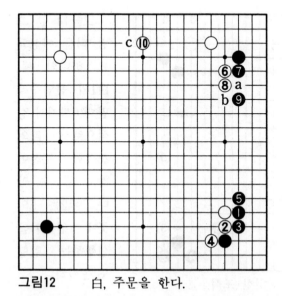

그림12 白, 주문을 한다.

그림12 黑1의 붙임수에는 白2·4의 밀어 붙이기도 유력하다. 黑5일 때 다시 白6·8이 재미있다. 10까지 白이 주문한 포석. 도중에 黑9로는 a, 白b, 黑c 등도 생각할 수 있다.

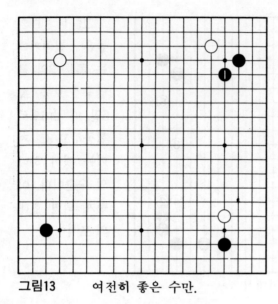

그림13 여전히 좋은 수만.

그림13 白의 한 칸 높은 걸치기에 黑1의 口자는 여전히 훌륭한 수라고 할 수 있다. 白이 1의 곳에 씌우기를 노리고 있으면 어쨌든 부자유스럽기 때문이다.

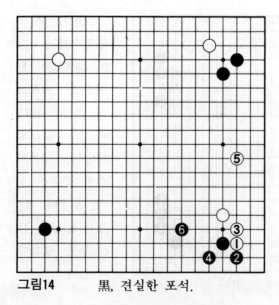

그림14 黑, 견실한 포석.

그림14 앞 그림 다음 예상되는 하나의 예. 白1의 붙임수라면 黑6까지가 정석으로서 黑의 견실한 포진이라고 할 수 있다. 黑2는 5의 곳에 벌리기를 선행하는 취향도 유력하다.

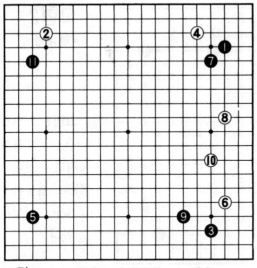

그림15　嘉永4. 秀策(黒) vs 秀和

그림15 (실전 예1) 본인방 秀和와 秀策의 사제간의 대국. 白8일 때 黑9의 日자로 변화하였다. 이 경우에는 白도 10으로 방어하는 것이 모양이다.

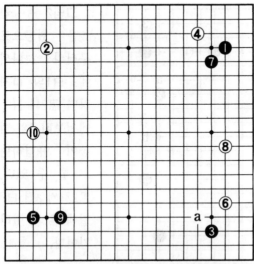

그림16　S31. 木谷実(黒) vs 前田陳爾

그림16 (실전 예2) 50년대의 바둑. 黑7의 口자에 白8로 세 칸 벌린 형이다. 黑9로는 a의 口자도 물론 훌륭한 수이다.

128

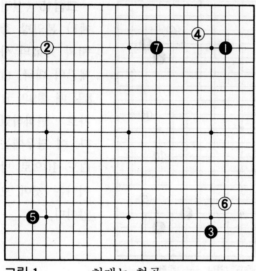

그림 1　　현대는 협공.

모형2
● 현대형

그림1　역시 1·3·5의 포석 이지만 현대는 黑7로 협공하고 급전을 지향하고 있다.

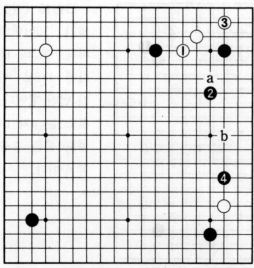

그림 2　　黑 2·4 는 하나의 연구과제.

그림2 두 칸 높은 협공으로 부터의 하나의 예. 白1의 口자라면 黑2의 目자에서부터 4의 협공이 유력하다고 할 수 있다. 黑2로써 a면 白3일때 黑b의 벌리기이다.

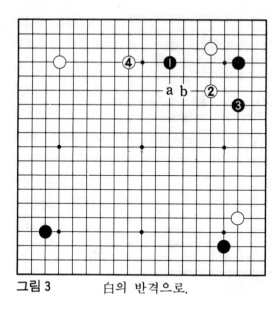

그림3 黑1에 白2, 黑3으로 두는 것도 정석이다. 계속해서 白4로 역습하는 것이 보통으로서, 黑a의 뛰기 혹은 b의 日자로 싸움이 시작된다.

그림 3   白의 반격으로.

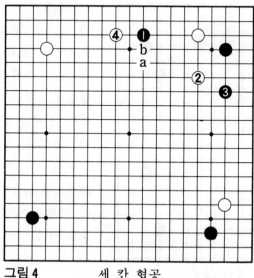

그림4 黑1의 세 칸 협공도 있다. 白2에서부터 4의 협공은 앞 그림과 똑같은 요령. 黑은 a로 뛰게 된다. 黑1로 b의 세 칸 높은 협공도 최근에는 많이 두어지고 있다.

그림 4   세 칸 협공.

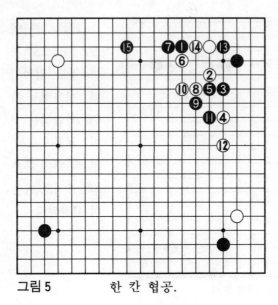

그림 5 　한 칸 협공.

그림5　黑1은 치열한 움직임을 추구하는 협공. 白2 이하 15까지는 한 칸 협공 정석의 대표적인 것이다. 파란을 품은 포석이라고 해도 과언이 아닐 것이다.

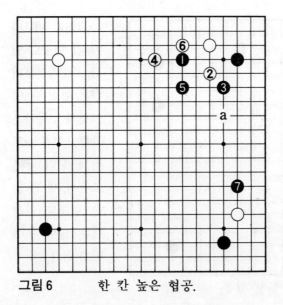

그림 6 　한 칸 높은 협공.

그림6　黑1의 한 칸 높은 협공도 유력. 黑3의 日자는 다음에 7 방면에 협공하려는 전제가 된다. 白4로는 앞그림과 똑같은 요령으로 a로부터 흐름을 구할 수도 있다.

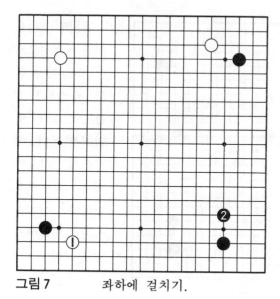

그림 7　　좌하에 걸치기.

그림7 白의 세 수째는 구태여 우하귀 걸치기에 한하지 않는다. 白1로 이쪽의 귀에 걸칠 수도 있다. 그때에는 黑2의 굳힘이 보통일 것이다.

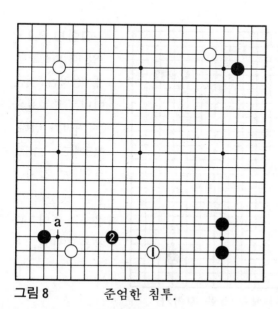

그림 8　　준엄한 침투.

그림8 계속해서 백은 하변에 대한 벌리기를 서둔다. 白1은 최대의 벌리기. 이에 대하여 秀策의 시대라면 黑a이지만 현대에는 2로 갈라쳐 급전으로 돌입하는 경우가 많다.

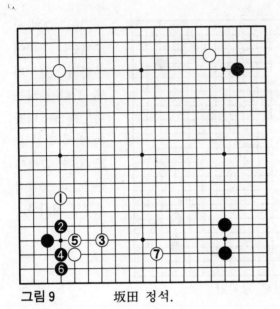

그림 9 坂田 정석.

그림9 白1은 현대 정석으로서 黑2 이하 돌의 자연스런 흐름으로 白7의 벌리기로 돈다. 이 수순에 따르면 매우 부드러운 것이다. 이것은 坂田 정석이라고 불린다.

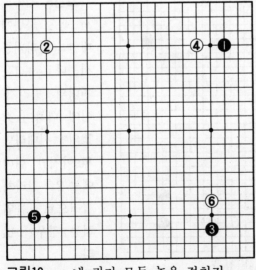

그림10 네 귀가 모두 높은 걸치기.

그림10 黑1·3일 때 白4로 높게 걸치는 것은 이미 秀策류와는 거리가 멀다. 黑5에도 白6으로 높게 걸치는 것은 충분히 있을 수 있다. 다음은 자유로.

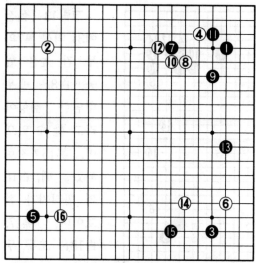

그림11   S56. 佐藤昌晴(黒) vs 大竹英雄

그림11 (실전
예 1) 黑7의 한
칸 높은 협공을
선택하고 黑9를
두었다. 이 9에
서부터 다음에
13으로 협공하
는 간격이 좋기
때문이다. 이하
白16 이하가 보
통의 진행.

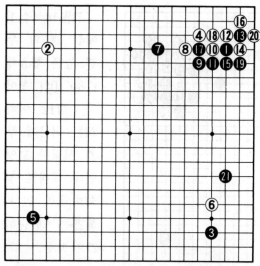

그림12   S57. 本田邦久(黒) vs 苑田勇一

그림12 (실전
예2) 黑7로 두
칸 높은 협공,
白8에 黑9는 취
향이다. 黑19까
지 벽을 구축하
고 21로 협공한
다.

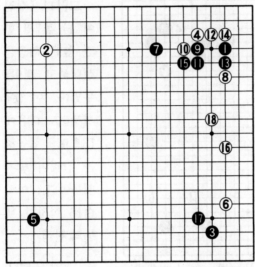

그림13　S54. 藤沢秀行(黒) vs 大竹英雄

그림13 (실전 예3) 역시 黑7의 두 칸 높은 협 공. 白8은 매우 대담한 취향이 라고 할 수 있으 며, 黑15까지로 되었을 때, 白16 의 벌리기가 절 호이다. 黑17, 白18은 모두 두 텁다.

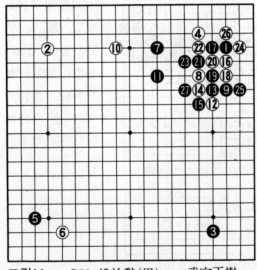

그림14　S56. 趙治勲(黒) vs 武宮正樹

그림14 (실전 예4) 黑7의 두 칸 높은 협공에 白8·10의 형이 다. 白12 이하 24는 최근에 두 기 시작한 모양 인데 대체로 정 석화되고 있다. 黑25는 단순히 27이 보통.

제8장 ● 향소목

黑1·3은 향소목이라고 부르고 있다. 이 포진은 黑1에 대하여 白이 좌상귀를 비어 주었을 때에만 실현될 수 있다. 역으로 말해서, 白이 향소목을 꺼린다면 2로써 좌상귀를 차지하면 된다.

향소목의 특색은 상변이 넓다는 것이다. 白이 한쪽 귀에 걸쳤을 때 이를 협공하여 다른 한편의 귀와 유기적인 연결을 할 수 있도록 하는 것이다. 그렇지만 지역이 넓은 만큼 변화도 많다.

이밖에도 향소목은 또한 상대의 걸치기를 기다리고 있는 포진이다.

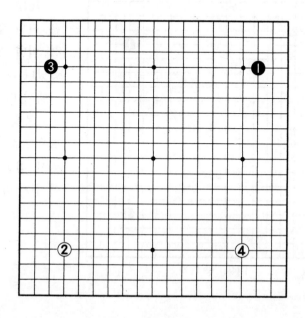

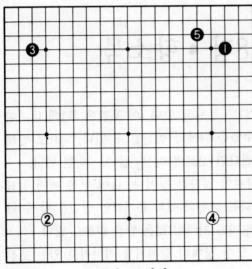

그림 1   한쪽을 굳힌다.

모형 1
• 白, 한칸 높
은 걸치기

그림1 향소목
에 白이 2연성이
라면 黑5로 한쪽
귀를 굳히게 될
것이다.

그림2 향소목
은 白의 입장에
서 이미 설명이
끝났다. 2연성의
장에서 白2·4의
향소목을 설명
했으므로, 이것
역시 참고로 삼
아 주기 바란다.

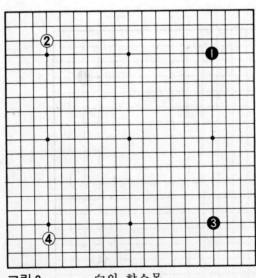

그림 2   白의 향소목.

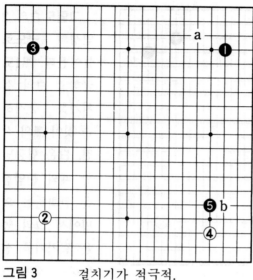

그림3 黑1·3에 대하여 白2·4라면 黑5의 걸치기를 생각할 수 있다. 5로써 a에 굳히면 白도 b로 굳히게 되어 여유가 있다.

그림 3   걸치기가 적극적.

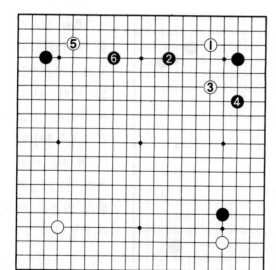

그림4 향소목에서 黑의 이상형인 예를 소개하기로 한다.

앞 그림 다음, 白1의 걸치기에 黑2, 그리고 白5에 黑6의 협공이 된다면 黑의 페이스라고 할 수 있다.

그림 4   黑의 베이스.

138

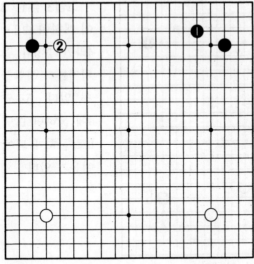

그림 5   걸치기를 맞이하고 공격한다.

그림5 白의 2 연성의 구도로 돌아온다. 黑1로 굳히고 白의 걸치기를 공격하는 것이 黑의 작전. 白은 협공당할 때의 준엄함을 완화하는 의미에서 그의 높은 걸치기를 선택하는 것이 일반적이다.

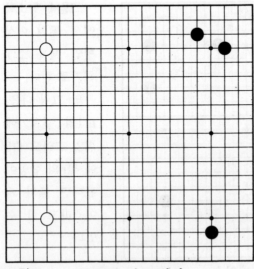

그림 6   똑똑한 사고 방식.

그림6 걸치기를 공격하는 구도는 지금까지도 더러 있다. 이 그림은 "엇갈린 소목"에서 이미 해설을 마쳤는데, 앞 그림의 黑의 작전은 이와 똑같다.

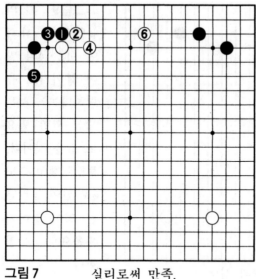

그림7 白의 한 칸 높은 걸치기에 黑1·3의 붙여 뻗는 수는 부드러운 수법. 귀의 실리로 만족하려는 것이다. 白6까지 특별한 상황은 없다.

그림 7   실리로써 만족.

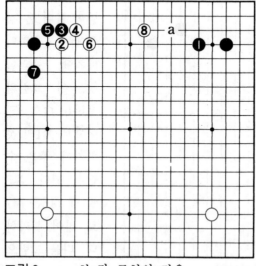

그림8 우상은 黑1의 한 칸 굳힘도 당연히 있겠지만 역시 白8까지로 된 경우, a의 곳이 쌍방에게 있어서 매우 큰 수가 되었다는 것을 말해 둔다.

그림 8   한 칸 굳힘의 경우.

140

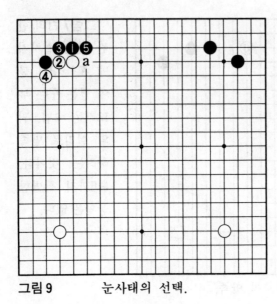

그림 9 　　눈사태의 선택.

그림9 黑1의 붙임수에 대하여 白2·4의 밀어 붙이기도 유력하다는 것은 새삼 말할 필요도 없을 것이다. 黑5로 뻗고 白도 a로 밀어 올리면 큰 밀어 붙이기 싸움으로 돌입한다.

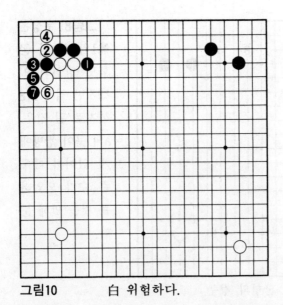

그림10 　　白 위험하다.

그림10 白이 밀어 붙여 온 경우에는 우하의 배치에 주의할 것. 이 그림의 우하는 白의 3三이므로 黑1의 젖히기가 좋은 수단이 된다. 黑5일 때 白6은 黑7로 밀어 불리하다. 다음 그림으로,

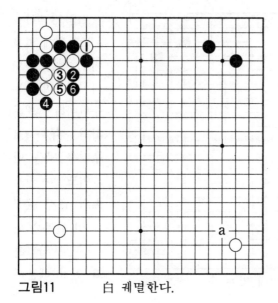

그림11 白1로 끊는 수가 성립 하면 좋겠지만 黑2에서부터 4 · 6으로 축이다. 우하의 白이 a의 화점이라면 축 이 되지 않는다. 잘 확인하기 바 란다.

그림11   白 궤멸한다.

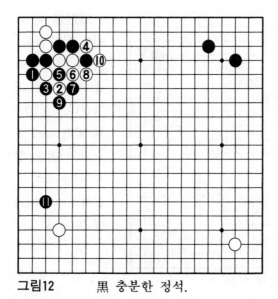

그림12 白의 축머리가 불리 할 때에는 黑1의 꼬부리기에 대 하여 白2로 호구 를 치는 정석에 따를 수밖에 없 다. 11까지가 정 석이다.

그림12   黑 충분한 정석.

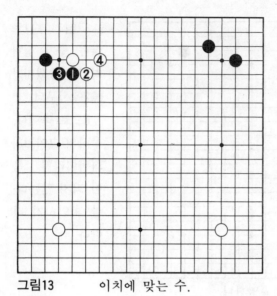

그림13   이치에 맞는 수.

그림13 黑1·3으로 위에서 붙이고 뻗는 것도 이치에 알맞는 수단이다. 왜냐하면 白2·4로 두터운 맛을 만들어도 우상귀 黑의 日자 굳힘이 이 위력을 어느 정도 삭감하고 있기 때문이다.

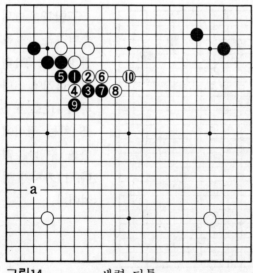

그림14   세력 다툼.

그림14 앞 그림에 이어 黑1·3으로 세력 다툼을 하는 것도 가능하다. 白10까지 되면 日자 굳힘의 이점을 알 수 있을 것이다. 계속해서 黑a가 클 것 같다.

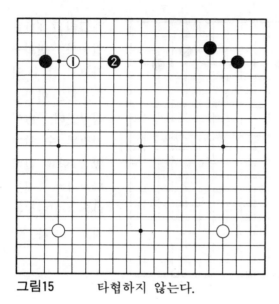

그림15   타협하지 않는다.

그림15 白1의 걸치기에 黑2의 협공은 타협을 하지 않는 수단. 우상에 견고한 군힘이 대기하고 있으므로 여기서는 매우 적극적인 기분으로 공격해도 무방하다.

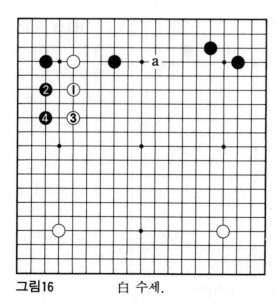

그림16   白 수세.

그림16 白1·3은 보통의 수단. 그러나 이 다음 白a 방면으로 협공하는 것은 黑의 군힘이 있어 무리일 것이다. 즉, 白이 일방적인 수세로 몰릴 가능성이 있는 것이다.

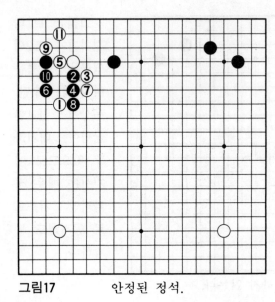

그림17   안정된 정석.

그림17 白1은 일종의 변화구라고도 할 수 있다. 黑2 이하는 정석인데, 白이 안정될 수 있어 앞 그림과 같이 달아나는 것보다는 현명할는지도 모른다.

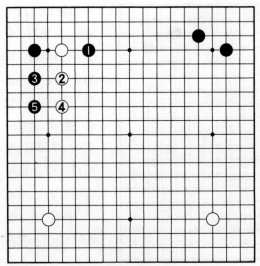

그림18   과격하나 유력하다.

그림18 黑1은 白을 간단하게 안정시키지 않으려는 협공이다. 약간 과격하지만 이것도 오른쪽에 굳힘이 있기 때문에 둘 수 있다. 黑5까지가 보통의 진행.

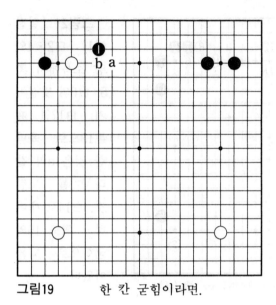

그림19 우상을 한 칸 굳힘으로 바꾸었다. 이것이라면 협공으로서 a, b 이외에, 黑1의 낮은 한 칸 협공도 유력한 수단의 하나가 될 것이다.

그림19　　한 칸 굳힘이라면.

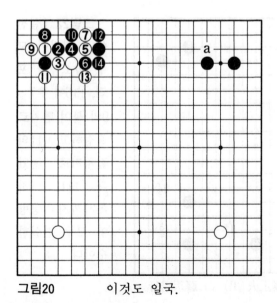

그림20 白1 이하 黑14까지의 대표적인 정석이 즉시 머리에 떠오를 것이다. 黑의 두터움과 한 칸 굳힘의 간격은 적당하다. a의 日자는 위치가 낮은 것이 마음에 걸린다.

그림20　　이것도 일국.

146

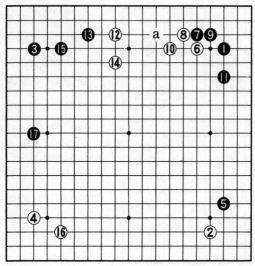

그림21 S57. 大竹英雄(黒) vs 趙治勳

그림21 (실전 예1) 白2·4의 양 소목에서 黑 5, 白6의 맞걸치 기. 白12일 때 黑13으로 육박 한 것은 a의 갈 라치기를 노린 것. 白14로 대비 하고 黑도 15의 굳힘으로 되돌 아왔다.

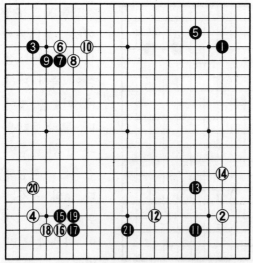

그림22 S53. 加藤正夫(黒) vs 藤沢秀行

그림22 (실전 예2) 쌍방이 모 두 향소목의 포 진. 白6에 黑7· 9의 붙여 뻗기로 결정하고 11의 걸치기로 돌았 다. 白12 이하 黑21까지 쌍방 이 모두 견실한 수이다.

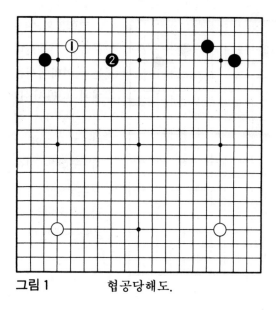

그림 1   협공당해도.

모형2

• 白, 日자 걸
치기·기타

그림1 黑의 협
공이 있다고 해
서 白1이 불리한
것은 아니다.

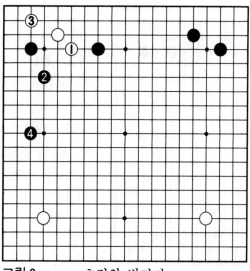

그림 2   호점의 벌리기.

그림2 黑의 한
칸 높은 협공이
라면 白1의 口자
에서 黑4까지.
대표적인 정석
이다. 黑4가 아
래쪽 白의 화점
과의 관계로 절
호의 벌리기가
되고 있어 黑에
불만은 없을 것
이다.

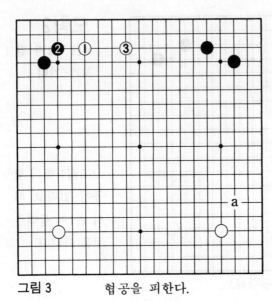

그림3 黑의 주문을 거부한다는 의미에서는 예에 따라서 目자 걸치기가 있다. 黑은 2의 口자 굳힘을 하여 집으로 만족한다. 白3 다음 黑 a가 눈에 띈다.

그림 3 협공을 피한다.

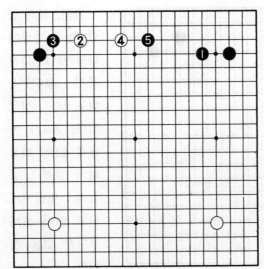

그림4 같은 국면이라고 하더라도 黑1의 한 칸 굳힘의 경우에는 약간 달라진다. 白2에서부터 4일때 黑5의 육박이 매력적이다.

그림 4 즉시 두고 싶다.

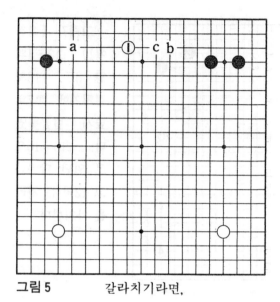

그림 5　　갈라치기라면,

그림5 앞 그림 과 관련된 것인 데, 黑의 한 칸 굳힘의 경우에 는 白1의 갈라치 기라는 수도 있 다. 黑a라면 白 b, 黑c라면 白a. 물론 덤이 있는 바둑이라는 조 건이다.

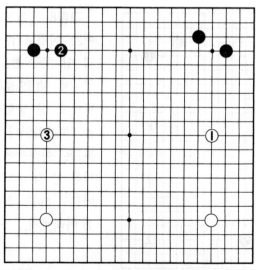

그림 6　　양 굳힘수를 허용한다.

그림6 白1로 우변의 큰 자리 에 선행하고 黑2 의 굳힘을 허용 하는 수단이 없 는 것도 아니다. 黑의 실리 대 白 의 모양이라는 포석이 된다.

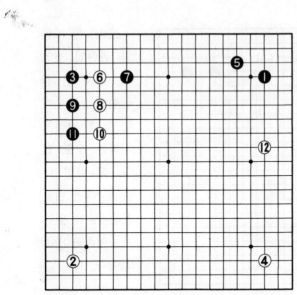

그림7 (실전예1) 白2·4의 양 3三. 白6의 걸치기에 黑7로 높게 협공하였다. 白8·10으로 일단 달아나고 12의 큰 자리를 차지한다.

그림 7　S51. 大竹英雄(黑) vs 石田芳夫

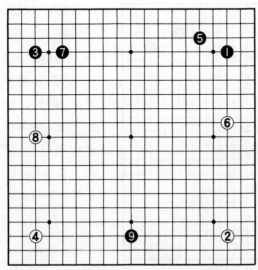

그림8 (실전예2) 이것도 白의 양 3三. 黑5일 때 白6으로 벌리고 양 굳힘을 허용하였다. 黑7은 아래쪽에 강한 한 칸 굳힘이므로 白8은 화점 아래까지.

그림 8　S56. 橋本昌二(黑) vs 加藤正夫

제9장 ● 대각선형

黑1·3으로 대각의 귀를 차지하는 것이 "대각선형"이다. 이에 대하여 黑3으로 우하를 차지하는 것이 "평행형". 평행형은 2연성을 비롯하여 인연이 있는 형이 많은데, 대각선형은 黑1·3의 위치에 별로 깊은 관련은 없다. 따라서 이것을 일괄하여 이 장에서 설명하기로 한다. 단 한 가지 "전투 소목"이라는 재미있는 형이 있는데, 이것은 다른 장에서 설명하기로 하겠다.

두 형의 성질로서는 평행형이 큰 모양 바둑이 되기 쉬운 데 대하여 대각선형은 쌍방의 돌이 분산되므로 잔 바둑이 되기 쉽다.

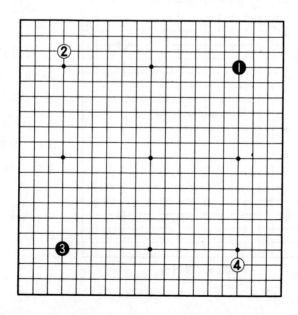

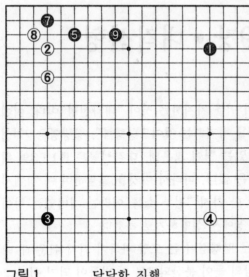

그림 1　　　담담한 진행.

모형 1

● 대각선형

그림1 黑, 白
이 모두 대각선
화점.　黑5에서
白a까지는 담담
한 진행이다.

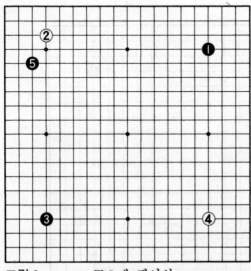

그림 2　　　黑 3 에 필연성.

그림2　白2의
소목이라면 黑3
의 대각선 화점
은 명확한 이유
를 갖고 있다.
즉, 白4일 때 黑
5가 아래쪽의 화
점을 배경으로
강력한 걸치기
가 되기 때문이
다.

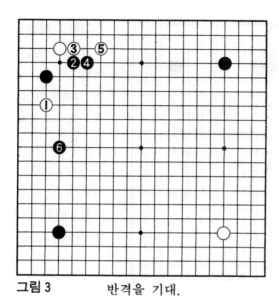

그림 3　반격을 기대.

그림3 계속해서 白은 黑의 걸치기를 협공하게 되는데, 黑이 반드시 수세라고는 할 수 없다. 가령 白1의 한 칸 협공이라면 黑2 이하 6이라는 반격이 있다.

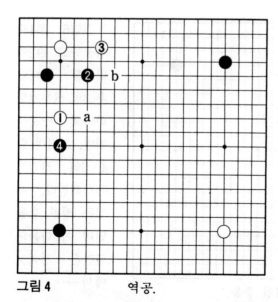

그림 4　역공.

그림4 白1의 두 칸 높은 협공은 대표적인 협공. 이 경우에도 黑2로 한 번 뛰고 白3일 때 黑4로 되협공하는 요령이다. 계속해서 白a, 黑b라고 하는 싸움이 될 것이다.

154

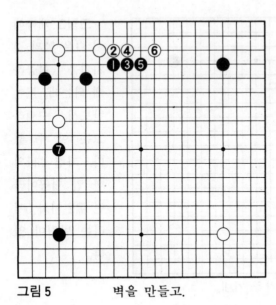

그림 5 　　　　벽을 만들고.

그림5 협공을 하기 전에 黑1로 씌워 5까지로 벽을 구축하고 나서 7하는 것도 최근에 흔히 두고 있는 형이다. 이렇게 되면 분명히 黑이 공세를 취하게 된다.

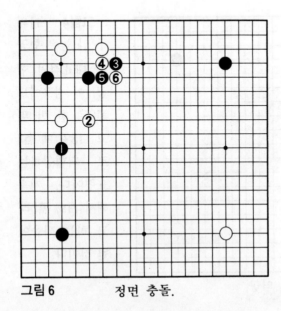

그림 6 　　　　정면 충돌.

그림6 黑1로 협공하고 白2의 뛰기를 기다린 후 3의 씌우기도 하나의 수순이지만, 그러면 白4·6의 끊기가 유력해진다. 이것은 정면 충돌인데 이 다음의 국면은 정석서에서 —

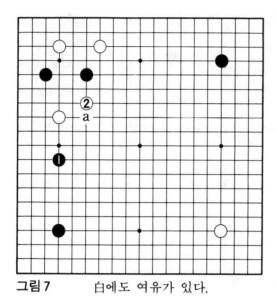

그림7 白에도 여유가 있다.

그림7 협공을 黑1로 좁히는 것도 있는데, 이것이라면 약간 부드러워진다. 白도 a의 뛰기에 한하지 않고 2의 日자로 黑을 공격하는 여유가 생긴다는 것에 주목하기 바란다.

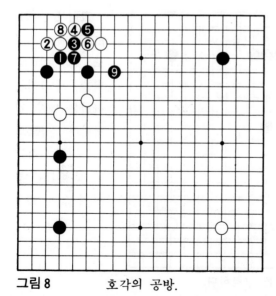

그림8 호각의 공방.

그림8 黑의 2칸 뛰기의 엷은 맛을 보강하는 수법의 일례.

3·5가 맥이고 9의 뛰기까지. 공수의 입장은 호각이며 여유있는 싸움으로 보아도 될 것이다.

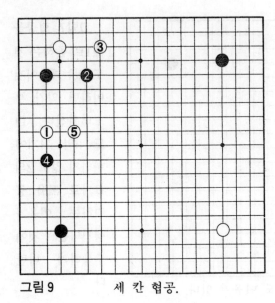

그림9 白1의 세 칸 협공은 공격이 느린 대신 黑의 반발도 적다. 그러나 여전히 黑은 2·4의 반격으로 나가는 것이 보통이다.

그림 9　　　세 칸 협공.

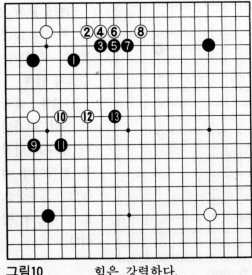

그림10 黑1, 白2일 때 여기서도 黑3 이하로 벽을 구축하는 작전은 매우 강력하다. 黑a의 협공에서 白12일 때 黑13은 놓칠 수 없는 씌우기가 된다.

그림10　　　힘은 강력하다.

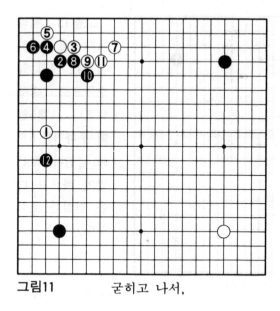

그림11   굳히고 나서,

그림11 白1일
때, 黑2 이하는
빨리 안정하려
고 하는 것. 黑
12로 협공하여
공격이다. 그러
나 黑이 좋아진
반면 위쪽의 白
이 두터워졌다
는 것을 잊어서
는 안 된다.

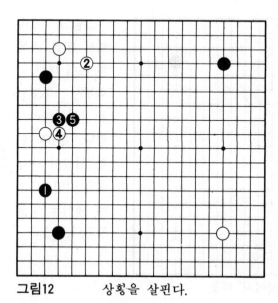

그림12   상황을 살핀다.

그림12 白의
세 칸 협공은 여
유가 있으므로
黑1로 이 귀를
지키고 상대가
나오는 것을 살
핀다는 사고 방
식도 있다. 白2
라면 黑3·5로
싸움을 일으키
는 요령.

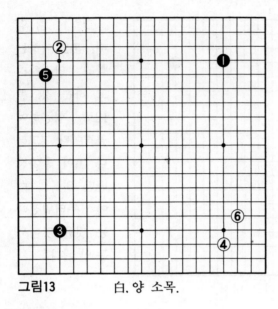

그림13 白. 양 소목.

그림13 黑의 대각선에 대하여 白2·4의 양 소목으로 대항하였다. 黑5일 때 우하귀를 6으로 굳힌다. 黑은 발이 빠르고 白은 견실한 포석이다.

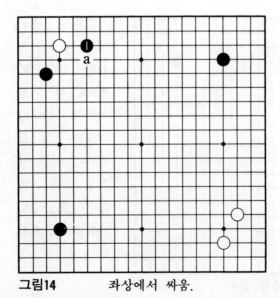

그림14 좌상에서 싸움.

그림14 계속해서 黑은 소목의 白에 대한 공격에서 주도권을 장악하려고 한다. 黑1의 한 칸 협공이 대표적인 것이지만 a의 대사도 있을 것이다.

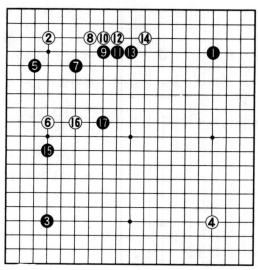

그림15   S57. 藤沢秀行(黑) vs 林海峰

그림 15 (실전예1) 黑5의 걸치기에 白6의 세 칸 높은 협공. 黑은 7의 두 칸 뛰기에서 당장에 9로 씌우고 나갔다. 黑17까지 초지 일관의 수법이다.

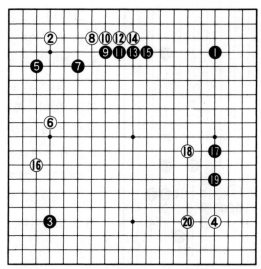

그림16   S58. 趙治勳(黑) vs 藤沢秀行

그림 16 (실전예2) 黑의 대각선에 白은 소목과 화점. 黑5의 걸치기에 역시 白6으로 세 칸 높은 협공을 한 형태이다. 黑a의 씌우기에 白14까지로 기고 16으로 벌린 것은 독특한 취향이다.

160

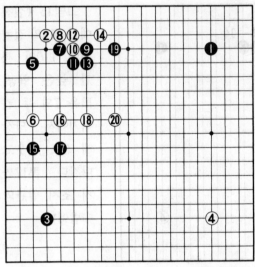

그림17 (실전
예3) 白6의 세
칸 협공에 黑7의
日자로 씌운 것
은 적극적. 13까
지 세력을 축적
시키고 나서 15
의 협공으로 돈
다. 白20은 중요
한 뛰기.

그림17　S56. 加藤正夫(黒) vs 藤沢秀行

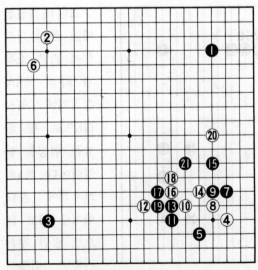

그림18 (실전
예4) 白의 양 소
목. 黑5의 걸치
기에 白6으로 굳
히고 있다. 黑7
에서 선제 공격.
白12가 새로운
시도이고 21까
지의 싸움은 진
기한 모양이다.

그림18　S55. 石田芳夫(黒) vs 藤沢秀行

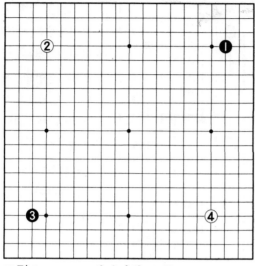

그림 1　　　대각선형 소목.

모형 2

● 대각선　소
목 · 기타

　　그림1 이번에
는 黑의 대각선
소목. 白은 대각
선 화점이다.

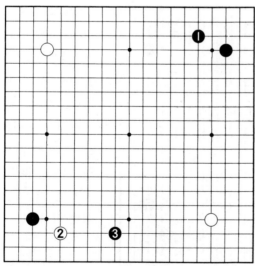

그림 2　　　한 귀를 견실하게.

　　그림2 黑은 한
쪽을 굳히게 될
것이다.　白2로
걸치면 黑3으로
협공한다.　서로
가 힘이 분산된
포석인데, 黑이
한쪽 귀를 견실
하게 확보하고
있다는 것에 특
색이 있다.

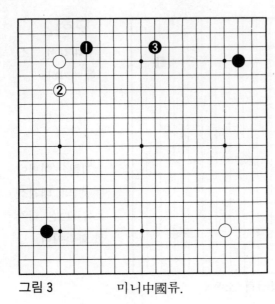

그림3 귀를 굳히지 않고 黑1로 걸치는 것은 새로운 경향의 작전. 白2에 黑3으로 벌리면 미니 中國류인데, 이는 굳힘에 비하여 기략이 풍부하다.

그림 3   미니中國류.

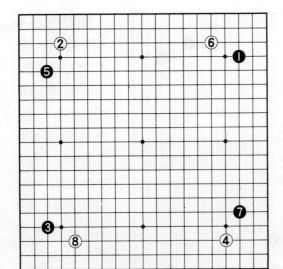

그림4 黑의 대각선 소목에 白도 역시 소목으로 대항하여 보았다. 黑5의 걸치기에 白도 6으로 걸치면 기세상 白8로 총 걸치기를 할 가능성이 있다.

그림 4   총 걸치기.

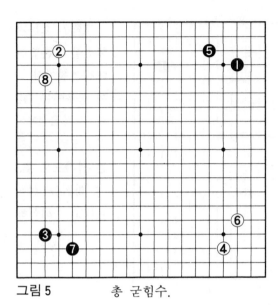

그림 5   총 굳힘수.

그림5 역시 양자의 대각선 소목에서부터 黑5로 굳힌 경우 白도 6으로 굳히고 나면 다음에는 총 굳힘이 된다. 총 걸치기라면 큰 싸움이나 이쪽은 여유가 있다.

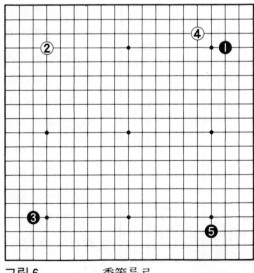

그림 6   秀策류로.

그림6 黑1·3일 때 白4의 걸치기를 먼저 하면 黑5로 빈 귀를 차지하게 된다. 말할 것도 없이 이 국면이라면 秀策류로 되돌아오는 것이다.

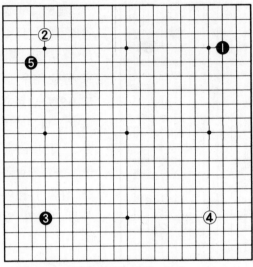

그림7 소목과 화점을 혼합한 대각선형이다.
이 경우에는 白2의 소목을 의식하고 5로 걸치려는 생각으로 黑3의 화점을 선택했다고 해석해도 무방하다.

그림 7   소목과 화점의 혼합.

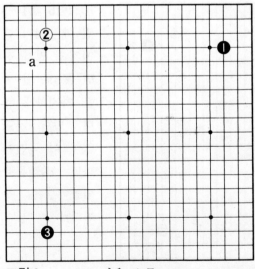

그림8 역시 白2를 의식하고 黑3의 소목을 차지할 수도 있다.
이것 역시 黑a의 걸치기에 기략이 있게 한 것으로서, 이에 대해서는 다른 장에서 자세히 설명하기로 하겠다.

그림 8   싸움 소목.

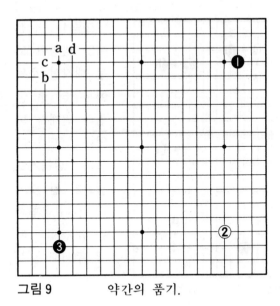

그림 9   약간의 품기.

그림9 白2에 대한 黑3은 심심 풀이가 아니다. 다음에 白a라면 黑b, 白c라면 黑 d로 모두가 적극 적인 걸치기를 둘 수 있다는 뜻 을 품고 있다.

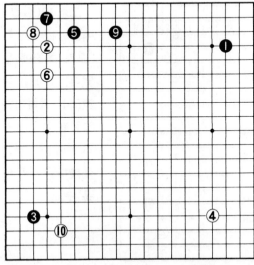

그림10 S55. 大竹英雄(黑) vs 加藤正夫

그림10 (실전 예1) 黑의 대각 선 소목 대 白의 대각선 화점. 黑 5로 걸치고 a까 지로 전개한 것 이 취향. 黑의 이 한 구축에 대 해서는 앞에서 한 번 소개한 바 있다.

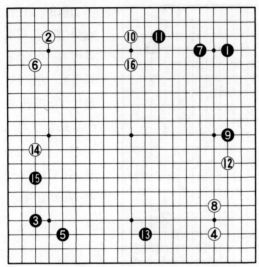

그림11　S56. 淡路修三(黒)　vs　片岡聡

그림11 (실전 예2) 쌍방이 모두 대각선 소목에서부터 총 굳힘의 전개가 되었다. 굳힘수 다음의 벌리기도 참고가 될 것이다. 日자 굳힘과 한 칸 굳힘의 차에 주의해야 한다.

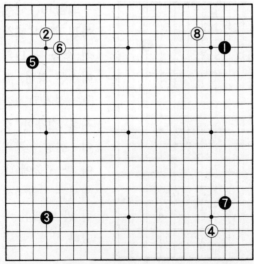

그림12　S56. 趙治勲(黒)　vs　武宮正樹

그림12(실전 예3) 白2에는 黒3으로 화점에 두었다. 白4일 때 黒5의 걸치기가 3과 관련되고 있다. 白6은 武宮 九段다운 두터운 수.

제10장 • 전투소목

白2, 黑3으로 마주보는 소목. 쌍방의 걸치기가 전투적이기 때문에 최근에는 "전투 소목"이라고 불리운다. 이밖에도 "마주보는 소목"이라고 부르기도 한다.

서로가 걸치기를 서둘러야 하는데 우하에 귀가 남아 있다는 것에 주목하지 않으면 안 된다.

전투 소목에서는 다음에 黑a로 걸치는 경우가 많고 계속해서 白도 좌하귀에 걸치면 "맞걸치기"라고 하는 형이 된다. 또 하나는 黑a에 대하여 白이 곧바로 협공하는 형. 전투 소목은 크게 말해서 이 두 가지 형으로 나뉘어져 있다.

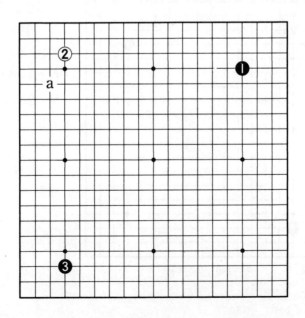

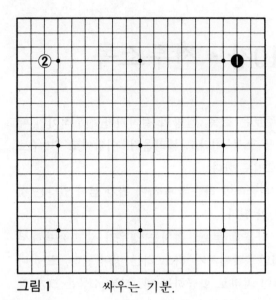

그림 1   싸우는 기분.

모형 1

● 서로 걸치
기

그림1 黑1에
白2는 "자, 덤벼
라"하는 식으로
전투 개시 직전
의 느낌이다.

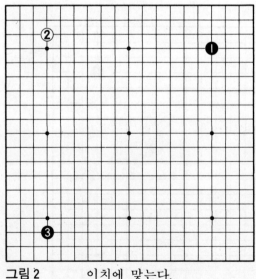

그림 2   이치에 맞는다.

그림2 실전에
서 많이 볼 수
있는 것은, 黑1,
白2일 때 黑3으
로 향소목의 위
치를 차지하는
형이다. 이것은
포석 작전상 훌
륭한 이유가 된
다.

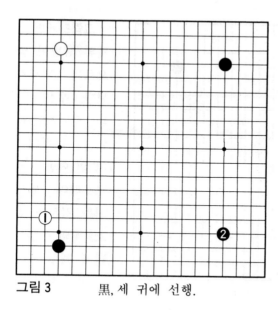

그림 3   黑, 세 귀에 선행.

그림3 白1은 위의 소목을 배경으로 한 강력한 걸치기이지만 이것이라면 黑2로 최후의 빈 귀를 차지한다. 좌하귀가 당장 곤란한 것은 아니기 때문에 黑은 일단 세 귀를 차지하게 되는 것이다.

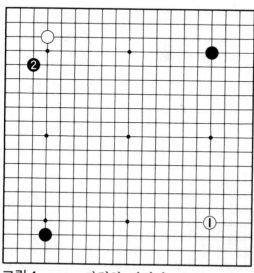

그림 4   강력한 걸치기.

그림4 먼저 白1로 빈 귀를 차지한다는 것을 당연히 생각할 수 있다. 그러면 이번에는 黑2로 걸쳐 보자. 이 걸치기가 강력하다는 것은 새삼 두말할 필요도 없다.

170

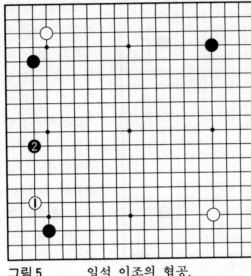

그림 5　　일석 이조의 협공.

그림5 좌변 전체의 공방이 앞으로의 과제가 된다. 우선 白1의 걸치기인데, 이에 대하여는 黑2의 협공이 위로부터의 벌리기를 겸하여 절호. 黑의 주문이라고 해도 과언이 아닐 것이다.

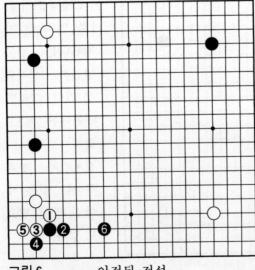

그림 6　　안정된 정석.

그림6 白1 이하 5까지로 안정하는 정석이 있는데, 이것이 특별한 의미가 있는 것은 아니지만 黑의 주문대로 되었다고 하는 소극적인 진행이 白으로서는 불만일지도 모른다.

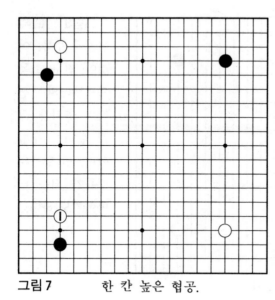

그림7 日자 걸치기는 黑의 세 칸 협공이 예상되고 있으므로 白1의 한 칸 높은 걸치기를 바꾸어 본다. 이 걸치기의 모양이 이 항의 주요 테마가 된다.

그림 7　한 칸 높은 협공.

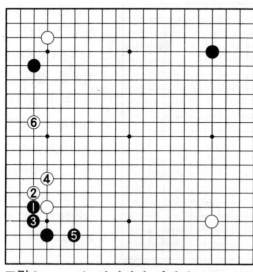

그림8 黑1·3으로 정통적인 정석에 따르면 이번에는 白6의 벌리기가 위쪽의 협공을 겸하여 절호가 되므로 白이 작전에서 이겼다고 할 수 있다.

그림 8　白, 작전에서 이기다.

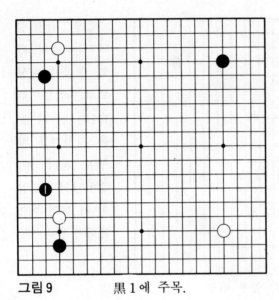

그림9 黑1의 협공에 주목. 이것이 전투 소목으로부터의 선착의 효과를 크게 살리는 수법이며, 이 항목의 주류가 되는 테마이기도 하다.

그림 9 　　黑 1 에 주목.

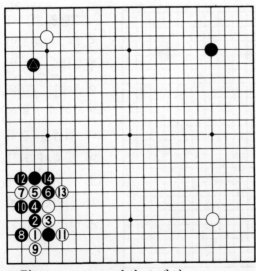

그림10 白1 이하 黑14까지가 대표적인 정석인데, ▲에 걸친 수가 효과적이어서 좌변의 黑 모양은 상당한 스케일이라고 할 수 있다. 그런데 白11의 수로써 ―

그림10 　　黑 모양의 스케일.

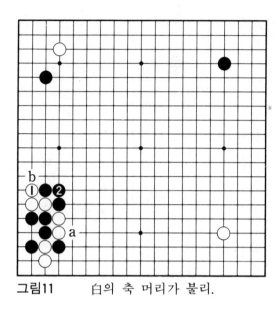

그림11 白의 축 머리가 불리.

그림11 白1로 꼬부리는 변화를 구할 수 있다면 유망하지만 이 포석에서는 黑2로 잇게 되어, 다음에 a의 축과 b의 막기가 맞보기. 우상 귀가 白이 아니면 1의 꼬부리기는 둘 수 없다.

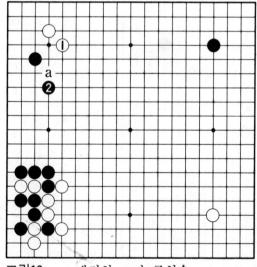

그림12 냉정한 ㅁ자 굳힘수.

그림12 그림10으로 되돌아가서, 白1의 ㅁ자가 안정된 포착이다. 黑2의 받기가 보통. 이를 생략하면 白a로 씌움을 당해 위치가 낮아진다.

174

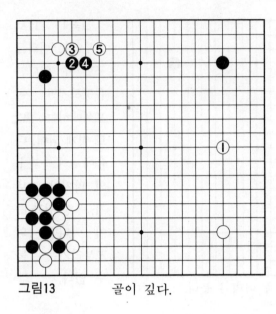

그림13　　　　골이 깊다.

그림13 白이 좌상의 口자를 생략한 경우. 가령 白1로 벌렸다면 즉시 黑2의 씌우기가 좋은 수단이 된다. 黑4까지 좌변의 黑 모양의 골이 깊어졌다.

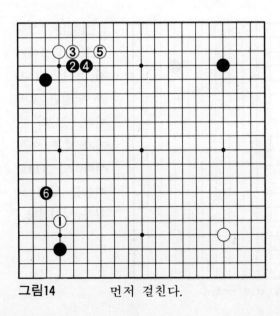

그림14　　　　먼저 걸친다.

그림14 黑의 작전에 관하여 약간 연구해 보기로 하자. 白1일 때 먼저 黑 2·4를 결정하는 것이 어떤가? 그리고 黑6으로 협공하여 예의 정석이 되면 이것은 黑의 이상형이 될 것이다.

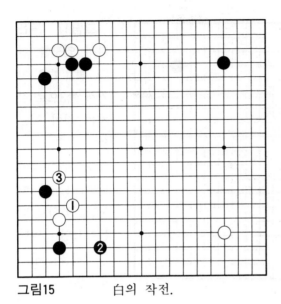

그림15 白의 작전.

그림15 그러나 白도 그렇게 쉽게 黑의 주문에 말려들지는 않는다. 白1의 口자가 유력한 수법으로서, 黑2, 白3이면 위쪽의 黑의 벽이 허술해진다.

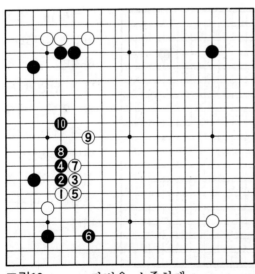

그림16 좌변을 소중하게.

그림16 白1에는 黑2로 붙이고 좌변의 모양을 소중히 한다. 黑10까지가 예상되는데, 우선은 호각이라고 볼 수 있다.

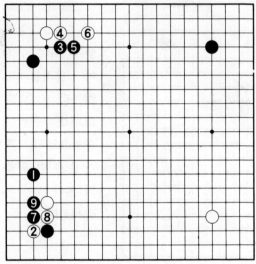

그림17　이상형을 구하는 수순.

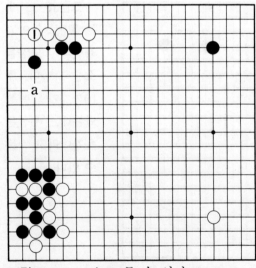

그림18　白도 둘 수 있다.

그림17 黑은 다시 연구를 한다. 黑1, 白2. 여기서 黑3으로 걸치는 것이 절호의 수순이라고 해도 과언이 아니며, 白6일 때 黑7로 좌하로 되돌아오면 일단 이상형을 구할 수 있다.

그림18 黑의 이상형이라고는 하지만 유리하다고 단언할 수가 없다. 예를 들어 白1로 내려가면 白a의 갈라치기가 있어 黑모양은 미지수이다.

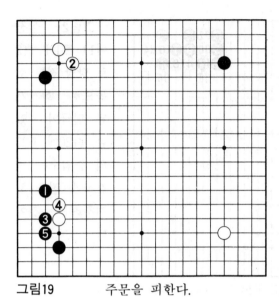

그림19 黑1일 때 白2의 ㅁ자는 黑의 주문을 거부하는 수이다. 黑5까지 귀는 양보하였지만 그림17의 黑의 이상형을 거부한 대가이므로 부득이하다.

그림19   주문을 피한다.

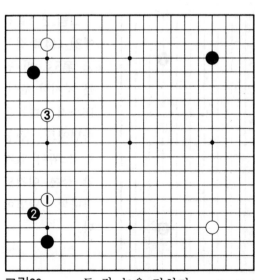

그림20 처음으로 되돌아와서 白1의 두 칸 높은 걸치기도 黑의 선착의 효과를 엷게 하는 수법이라고 할 수 있다. 黑2의 日자라면 거기서 白3의 협공으로 돌아 좌상에서 주도권을 장악하려는 것이다.

그림20   두 칸 높은 걸치기.

178

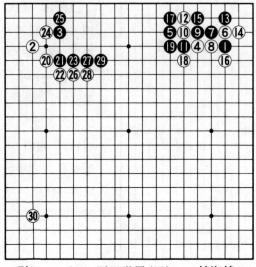

그림21　S41. 坂田栄男(黒) vs 林海峰

그림21 (실전
예1) 黑1에 白2
로 당장 전투 소
목으로　화제가
된 일국이　있
다. 白20에 黑21
의 붙임수는 과
감하게 집을 차
지하려는　것이
다.

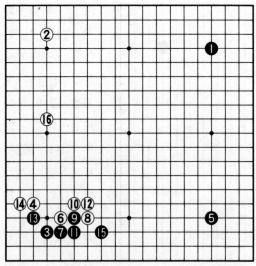

그림22　S56. 山部俊郎(黒) vs 加藤正夫

그림22 (실전
예2) 白4로 걸치
고 黑5로 빈 귀
를 차지한 포석.
16까지　白돌은
좌변으로　편중
한 느낌이 있지
만 물론 이것도
하나의　방법이
다.

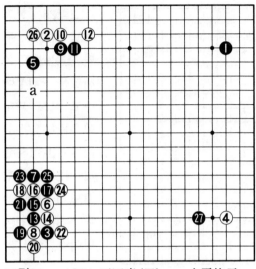

그림23   S54. 石田章(黑) vs 大平修三

그림23 (실전예3) 黑7로 협공하고 白8일 때 黑a로 씌웠다. 25까지 일단 黑의 이상형이다. 이것도 일국의 바둑이다. 즉시 白26으로 내려서서 a를 노린다.

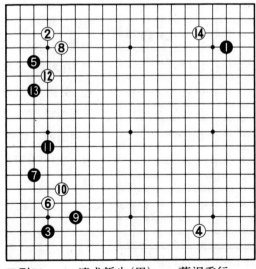

그림24   清成哲也(黑) vs 藤沢秀行

그림24 (실전예4) 黑7일 때, 白8의 口자. 黑9는 白10을 강요해 바쁘게 두려고 하는 수법이다. 白12로 씌우고 14로 걸친 모양이 볼 만하다.

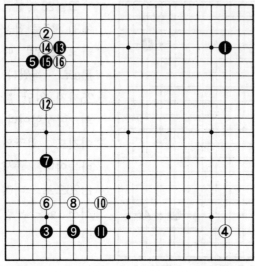

그림25 S55. 本田邦久(黑) vs 林海峰

그림25 (실전
예5) 黑7의 두
칸 높은 협공은
새로운 취향이
라고 해도 과언
이 아닐 것이다.
白 8 · 10 에서부
터 12의 반격.
黑도 13으로 씌
워 일대 혼전이
벌어질 것 같다.

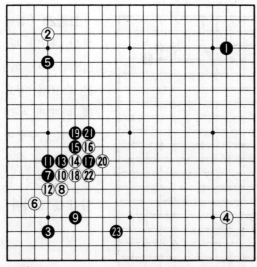

그림26 S56. 片岡聡(黑) vs 淡路修三

그림26 (실전
예6) 黑이 5로
높게 걸치고 白6
의 日자로 걸치
는 것은 진기한
진행이다. 黑7로
준엄하게 협공.
이것도 작전이
다.

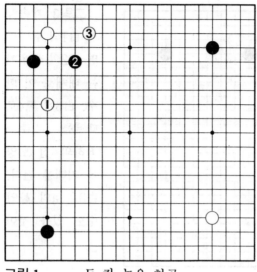

그림 1   두 칸 높은 협공.

모형2

● 白1 협공 ·

기타

그림1 黑이 걸친 돌을 白이 공격하는 형이다. 우선 白1의 두 칸 높은 협공.

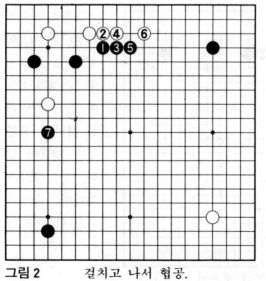

그림 2   걸치고 나서 협공.

그림2 앞 그림에 이어 黑1 이하의 씌우기에서부터 7로 협공하는 수법은 대각선형의 장에서 소개하였다. 단, 좌하귀의 黑이 화점이냐 소목이냐의 차이가 있다.

182

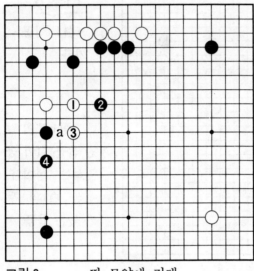

그림3 계속해서 白1의 뛰기라면 黑2의 씌우기는 대체로 이 한 수. 白3에 黑4로 태세를 갖추고 좌하의 집 모양에 기대를 건다. 白3은 a의 붙임 수도 있을 것이다.

그림 3　　　땅 모양에 기대.

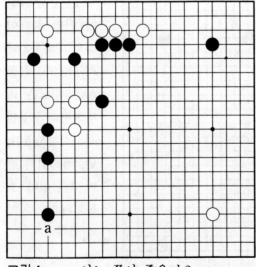

그림4 대각선 화점과의 차. 화점에 있는 것이 좋은가 a의 소목이 유리한가 하는 것인데, 물론 일장 일단이 있다. 단, 소목의 기략이 풍부하다고 할 수는 있다.

그림 4　　　어느 쪽이 좋은가?

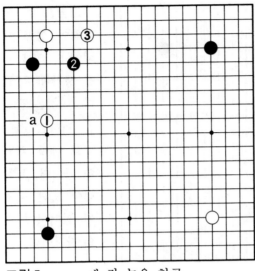

그림5 白1 또는 a의 세 칸 협공은 다음의 싸움을 다소 여유 있게 하려고 하는 배려가 있다. 그러나 黑의 작전에는 변함이 없다.

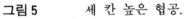

그림 5   세 칸 높은 협공.

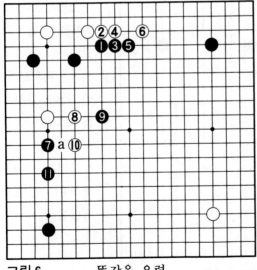

그림6 역시 黑1의 씌우기에서부터 7로 협공하는 것이 하나의 형. 黑a에서 11까지의 요령도 두 칸 높은 협공 때와 같다. 또한 10으론 a의 붙임수도 있다.

그림 6   똑같은 요령.

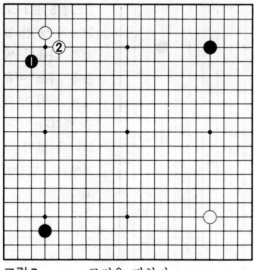

그림 7 급전을 피한다.

그림7 黑1에 대하여 협공 이외에 白2의 口자를 생각할 수 있다. 이것은 급전을 피하는 것이라고 해도 과언이 아니며, 특히 덤이 있는 바둑에 있어서의 白의 작전이다.

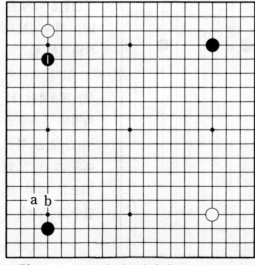

그림 8 黑, 높은 걸치기.

그림8 이번에는 黑의 걸치기로 바꿔 보기로 하자. 黑1로 한 칸 높이 걸치기를 하고 白a이건 b이건 이것을 협공하려는 사고방식은 당연히 성립된다.

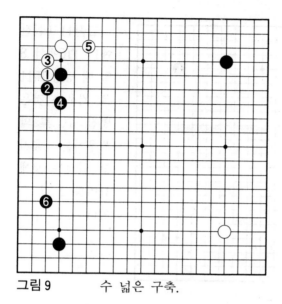

그림 9　수 넓은 구축.

그림9 黑의 높은 걸치기에 대하여는 白1·3의 붙임수가 보통. 黑은 4로 호구를 치고 좌변에 탄력성을 갖는다. 6의 굳힘 등 시야가 넓은 수라고 할 수 있다.

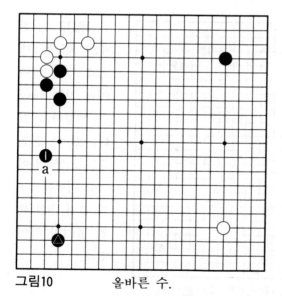

그림10　올바른 수.

그림10 보통 黑1도 별로 불리하지 않지만 ⬣에 있다면 연구할 만한 여지가 있다. 1로써 a하는 것도 하나의 방책이다.

186

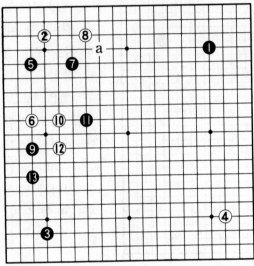

그림11 （실전
예1） 白6에서 8
일 때 당장 黑11
로 씌우는 것은
멋진 수. 黑a의
씌우기를 숨기
고 있다는 것에
묘미를 느낄 수
있다.

그림11　S56. 山部俊郎(黑) vs 小林光一

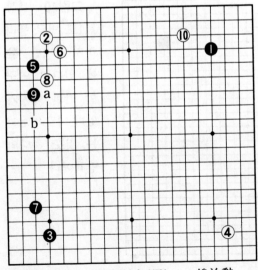

그림12 （실전
예2） 黑5에 白6
으로 ㅁ자 하여
여유 있는 바둑
을 지향하고 있
다. 黑7의 굳힘
수는 상식점이
지만 이밖에도 a
의 日자, b의 세
칸 벌리기 등이
있다.

그림12　S55. 関山利夫(黑) vs 趙治勳

제11장 ●3三

3三에 관하여는 3연성이나 中國류와 같이 체계가 있는 포석형이 별로 없다. 귀에 편중하고 있으므로 다른 귀와의 적극적인 조항이 생기지 않는다. 그보다도 역시 3三의 독특한 성질이 꺾이고 말 것이다.

3三의 성질이라고 하면 물론 집을 중시한다는 것이다. 따라서 집에 짠 기풍의 사람이 3三을 즐기는 것도 매우 자연스런 경향이라고 할 수 있다.

항목은 일단 "黑의 3三", "白의 3三"으로 나누었지만 포석의 모양보다는 3三 주변에 포인트를 두고 있다.

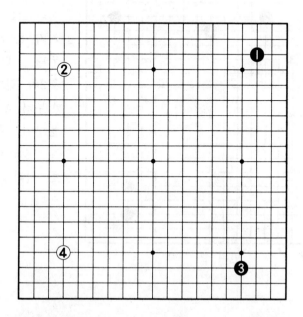

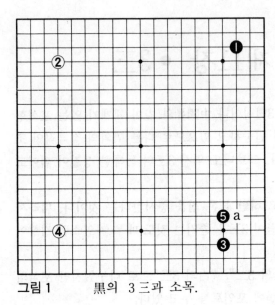

그림 1　　　黑의 3三과 소목.

모형1

● 黑의 3三

그림1 黑의 3
三과 소목, 白 2
연성의 대항. 黑
5의 굳힘수는 당
연하다. 5로는 a
도 있다.

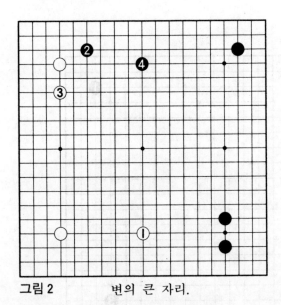

그림 2　　　변의 큰 자리.

그림2 黑이 굳
히면 白1의 벌리
기가 큰 자리가
된다. 계속해서
黑2의 걸치기에
서부터 4까지는
쌍방이 무난하
다. 이 다음의
큰 자리는 우변
이다.

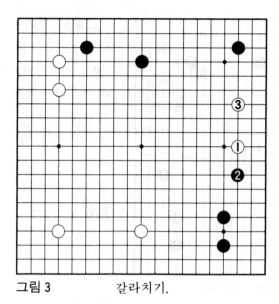

그림 3   갈라치기.

그림3 우하의
黑의 굳힘이 한
칸이라면 白1의
갈라치기가 상
식이다. 黑2의
육박은 이렇게
둘 것 같지만 白
3은 이 두 칸 벌
리기 이외에도
여러 가지가 있
다.

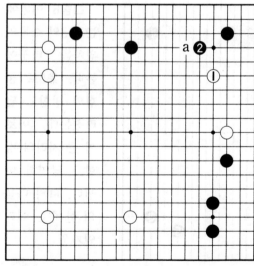

그림 4   큰 행마.

그림4 白1로
3드의 黑에 걸치
는 모양도 있다.
黑은 2나 a로 응
수한다. 白은 선
수를 잡을 수 있
지만 큰 目자로
벌린 형태가 약
간 엷은 모양으
로 되는 것은 부
득이하다.

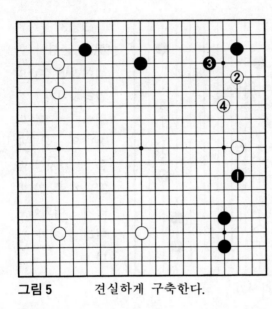

그림 5　　견실하게 구축한다.

그림5　黑1일 때 白2로 육박할 수도 있다. 단, 이 경우에는 黑3에 白4로 한 수 방어를 한다. 후수이기는 하지만 이 3착은 두터운 구축이다.

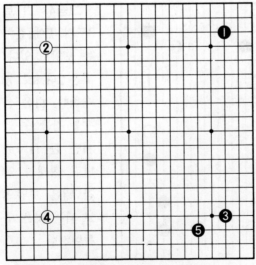

그림 6　　굳힘수의 방향이 바뀐다.

그림6 이번에는 黑3의 소목의 위치를 바꾸어 본다. 黑5로 굳힘의 방향도 달라졌는데, 이로써 큰 자리의 방향도 당연히 바뀐다. 白의 다음의 한 수는 어디인가?

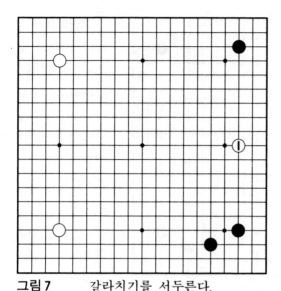

그림7 이번에는 白1의 갈라치기를 서둔다. 이 점은 "화점과 엇갈린 소목"의 형과 공통되고 있다. 갈라치기의 착점은 1의 화점 아래쪽이 상식적.

그림 7　갈라치기를 서두른다.

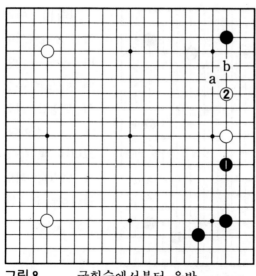

그림8 지금 당장이라고는 할 수 없지만 黑이 육박할 때는 굳힌 쪽에서부터 1일 것이다. 白2는 보통이지만 이것으로 a까지 진출하는 수. b로 육박하는 수도 당연히 생각할 수 있다.

그림 8　굳힘수에서부터 육박.

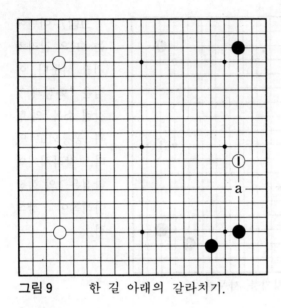

그림 9　　한 길 아래의 갈라치기.

그림9 日자 굳힘에서부터 충분한 벌리기를 방해하고 싶다고 생각한다면 갈라치기의 지점을 굳힘쪽으로 빗겨서 생각할 수도 있다. 黑a는 약간 협소하므로 두기가 어렵다.

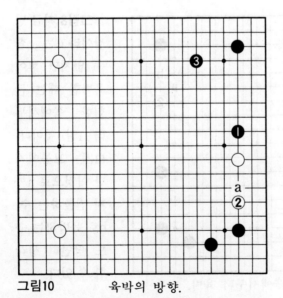

그림10　　육박의 방향.

그림10 이번에는 黑1에서부터 육박, 白2일 때 黑3으로 우상의 모양을 넓히게 될 것이다. 그러나 黑1을 a에 벌렸다 해도 불리하다고 할 수는 없다.

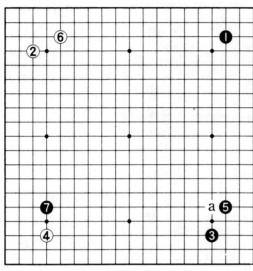

그림11　S42. 藤沢朋斎(黒) vs 坂田栄男

그림11 (실전
예1) 黑1·3·5
의 포진은 藤澤
朋濟九段이 애
용하는 것. 특히
a가 아니라 5의
日자 굳힘수는 1
집을 중시하는
기풍이 잘 나타
나 있다.

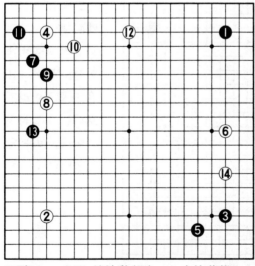

그림12　S57. 趙治勲(黒) vs 大竹英雄

그림12 (실전
예2) 黑1·3·5
의 구축에 대하
여 白6의 갈라치
기를 서둘렀다.
6은 7의 굳힘수
도 유력하지만,
그러면 黑6으로
벌려 우변에 큰
모양을 만든다.

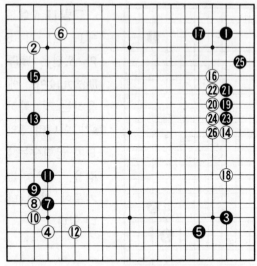

그림13   S39. 坂田栄男(黒) vs 藤沢秀行

그림13 (실전 예3) 黑7에서부터 白14의 갈라 치기까지 순조로운 운용이라고 할 수 있다. 白16에 대하여 黑17로 받고 다음에 19의 침투는 坂田九段의 독특한 전술이다.

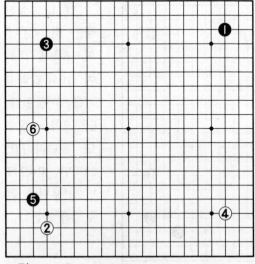

그림14   S57. 趙治勲(黒) vs 小林光一

그림14 (실전 예4) 黑은 3三과 화점의 콤비네이션. 黑5에 白6은 협공이라기보다는 갈라치기이다. 여유 있는 작전이다.

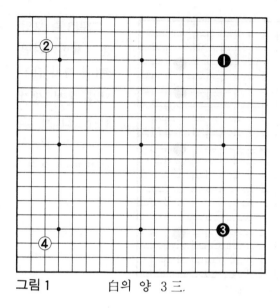

그림 1　　　　白의 양 3三.

모형2

● 白의 3三

그림1 다음은 白의 3三 포석에 초점을 맞추어 보기로 하자. 黑 2연성 대 白의 양 3三.

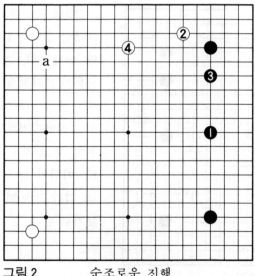

그림 2　　　　순조로운 진행.

그림2 黑1의 3연성은 당연하다고 할 수 있다. 白2의 걸치기에서부터 4로 구축하는 것도 상식적. 계속해서 白a로 두게 되면 白도 큰 모양이 된다.

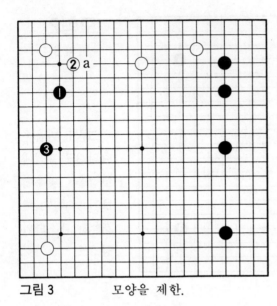

그림3 白 모양을 제한하려면 黑1의 目자 걸치기가 우선 생각된다. 白2의 또는 a일 때 黑3으로 벌리는 요령.

그림 3   모양을 제한.

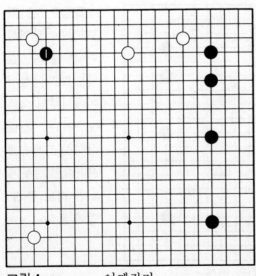

그림4 黑의 또 하나의 수단은 1의 어깨짚기. 3三을 효과적으로 제압하려는 이 어깨짚기를 흔히 두고 있는데, 이하의 절충을 약간 검토해 보기로 한다.

그림 4   어깨짚기.

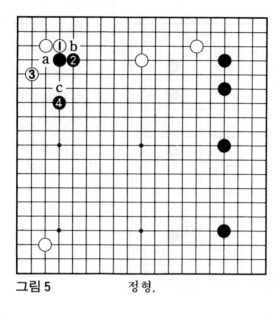

그림5 우선 白의 밀기의 방향인데, a와 白1, 양쪽이 있다. 白1의 경우에는 黑4까지. 4로써 b면 白c의 日자로 黑 석 점이 약간 무겁게 된다.

그림 5   정형.

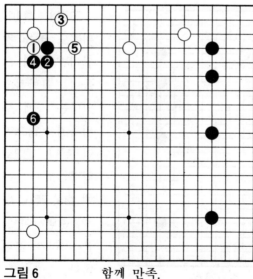

그림6 白1·3이라면 이번에는 黑4로 눌러도 무방하다. 白5일 때 黑6으로 충분하게 벌릴 수 있기 때문이다. 白은 5의 日자로 만족한다.

그림 6   함께 만족.

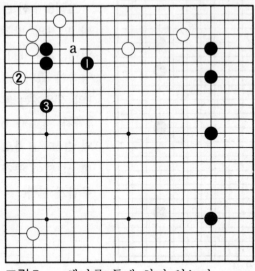

그림 7 행마를 두게 하지 않는다.

그림7 白a의 日자를 방해하고 싶다면 먼저 黑1로 뛴다. 白2는 당연하다. 黑3의 뛰기까지로 일단락. 그런데 黑1에는 주의를 요한다.

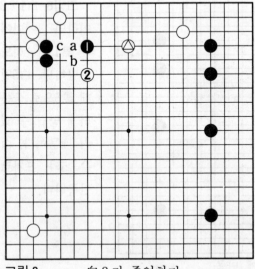

그림 8 白2가 준엄하다.

그림8 黑1의 뛰기도 좋을 것 같지만 ⊘의 白돌이 육박하고 있다는 것에 주의하지 않으면 안 된다. 白2로 압박하고 다음에 白a, 黑b, 白c가 준엄하여 黑은 처리가 곤란하다.

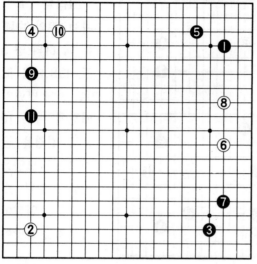

그림 9　S50. 大竹英雄(黑) vs 石田芳夫

그림9 (실전예1) 白2·4로 양 3三을 차지하고 黑에는 양 굳힘수를 허용하였다. 오른쪽에 관하여는 黑에 실리를 준다고 하더라도 양 3三이 집을 차지하고 있기 때문에 이것으로 대항할 수 있다는 판단.

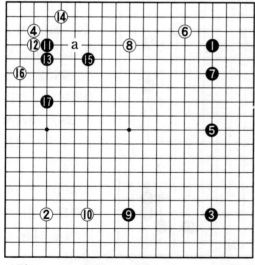

그림10　S49. 加藤正夫(黑) vs 坂田栄男

그림10 (실전예2) 黑의 2연성 대 白의 화점과 3三이다. 黑11에 白12는 白14 다음 a의 日자를 지향하는 것. 黑은 이것을 방해하고 15로 진출하였다.

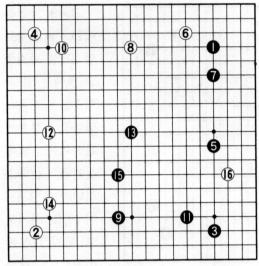

그림11　　S52. 林海峰(黑) vs 石田芳夫

그림11 (실전 예3) 黑의 中國류 대 白의 양 3三. 白8 다음 黑 9로 변에 벌렸기 때문에 白도 10으로 진영을 굳히고 큰 모양을 만들고 있다. 白 16으로 일찍이 승부처를 맞이하였다.

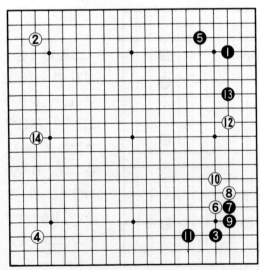

그림12　　S41. 坂田栄男(黑) vs 高川秀格

그림12 (실전 예4) 白6에서부터 12까지는 보통. 黑13도 좋은 육박이다. 白14로 화점 아래쪽을 차지한 것은 진기하다. 같은 모양이라고 하더라도 3연성과는 매우 다른 인상이다.

제12장 ● 고목 · 외목

고목 및 외목은 이의 위치가 변 혹은 중앙을 향하고 있으므로 세력적이라고 이해해도 괜찮을 것이다. 따라서 고목 · 외목을 의도적으로 사용하고 있는 경우에는 역시 큰 세력 작전이 된다.

또한 큰 세력 작전 이외에 난해한 싸움으로 이끈다고 생각할 수도 있다. 고목이라면 日자로 씌우는 형, 외목이라면 대사 씌우기라는 것이 그것이다. 아래 그림은 山部九段(黑) 대 坂田九段의 실전예인데, 黑은 외목과 고목을 사용하여, 모양에 사로잡히지 않는 도전적인 포석을 전개시키고 있다. 변환이라고 할까 화려하다고 할까, 고목 · 외목 포석의 흥미로운 예이다.

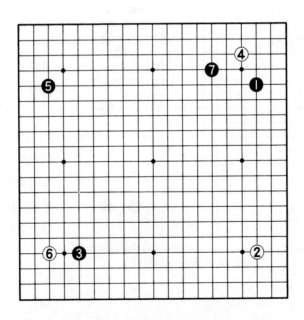

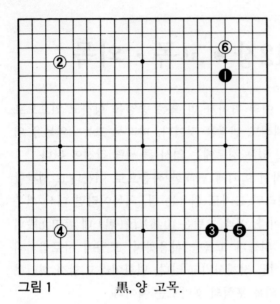

그림 1 　　　　黑, 양 고목.

모형 1

● 고목

　　그림1 黑의 양 고목에서부터 몇 가지 포석을 예상해 본다. 黑5의 굳힘에 白6의 걸치기.

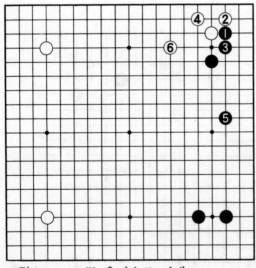

그림 2 　　　黑, 우변으로 전개.

　　그림2 고목의 세력을 어떤 방향으로 발전시키든지, 어쨌든 작전의 갈림길이다. 우선 黑1·3의 붙임수에서부터 5의 벌리기까지는 우변에 집 모양을 만들었다.

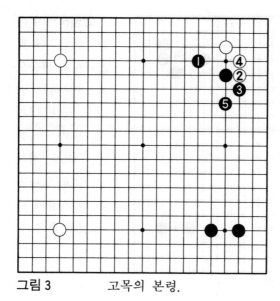

그림 3   고목의 본령.

그림3 다음은 黑1의 日자 씌우기. 중앙에 세력을 구축하려고 하는 수이며 앞 그림보다도 이쪽이 고목의 본령이라고 할 수 있다. 白2에서부터 黑5까지는 하나의 정석이다.

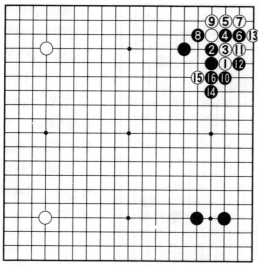

그림 4   유명한 정석.

그림4 白1일 때, 黑2의 부딪기에서부터 4로 끊는 수법도 있다. 黑16까지 유명한 정석. 白의 실리, 黑의 외세라고 하는 대조가 앞 그림보다 더욱 뚜렷하다.

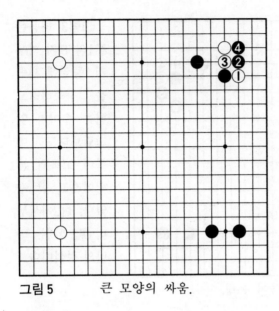

그림 5 큰 모양의 싸움.

그림5 역시 白
1의 붙임수에 黑
2로 젖혀 싸움으
로 유도하는 정
석도 있다. 대형
의 어려운 싸움
이 되므로 정석
을 알고 있다면
한 번 사용해 보
는 것도 좋다.

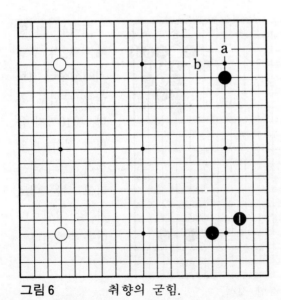

그림 6 취향의 군힘.

그림6 우하의
군힘인데, 취향
으로서 黑1도 생
각할 수 있다.
이 경우, 白a의
걸치기에는 당
연히 黑b로 씌우
고 외세를 펴는
작전이 전제이
다.

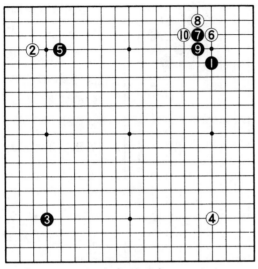

그림7 밖의 붙임수.

그림7 고목의 또 하나의 정석인데, 편의상 포석을 바꾼다. 黑 1에서부터 5라고 하는 모양으로 해두겠는데, 白6일 때 黑7·9의 붙임수가 하나의 정석이다.

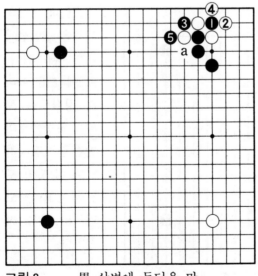

그림8 黑, 상변에 두터운 맛.

그림8 黑의 작전은 두 가지가 있는데, 그 중의 하나가 黑1의 끊기에서부터 3·5. 물론 축머리가 유리하다는 것이 조건이다. 빠른 시기에 黑a로 따내고 黑은 상변에 모양을 만든다.

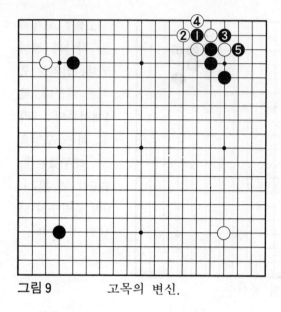

그림 9 고목의 변신.

그림9 또 하나는 黑의 바깥쪽 끊기. 이것은 黑 3·5로 귀를 영역화하게 된다. 고목에 두면서 귀를 차지하려고 하는 것은 묘한 이야기인데, 이것이 바로 변신이라고 하는 것이다.

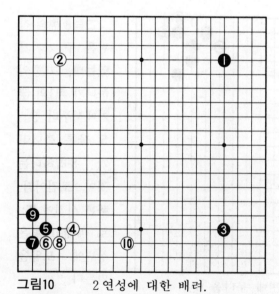

그림10 2연성에 대한 배려.

그림10 白4의 고목은 2연성에 대한 배려이다. 黑5에 白6 이하의 정석으로 黑의 하변에로의 발전을 저지하였다. 상대의 포진을 고려하고 나서의 고목 작전이다.

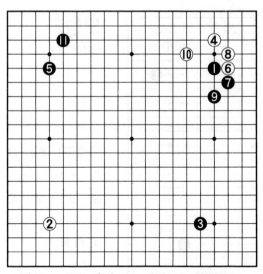

그림11 S51. 窪內秀知(黑) vs 吳淸源

그림11 (실전 예1) 窪內九段은 고목의 사용자로서 유명. 黑1·3·5로 모두 고목을 차지하고 白10에 黑11의 굳힘도 이채롭다.

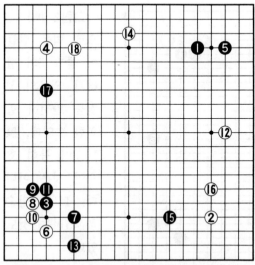

그림12 S54. 宮本直毅(黑) vs 工藤紀夫

그림12 (실전 예2) 黑1·3으로써 대각선 고목. 黑으로서는 白이 걸쳐 오면 黑7에서부터 15의 취향으로 일국을 두려는 취향이다.

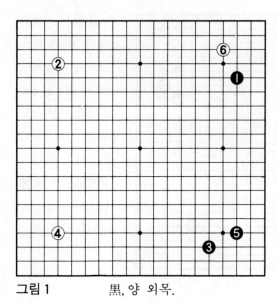

그림 1   黑, 양 외목.

모형2
● 외목

그림1 黑1·3
의 외목. 白6으
로 걸친 장면에
서 외목의 특성
이 발휘된다.

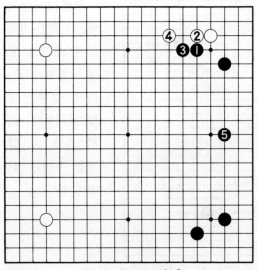

그림 2   黑, 우변으로 전개.

그림2 黑1·3
으로 벽을 만들
어 놓고 5의 벌
리기. 외목의 성
질을 완전히 발
휘한 수인데, 黑
1·3이 특히 호
수인 것은 아니
다. 1로써 단순
히 5하는 것도
있다.

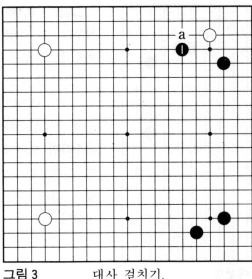

그림 3 　대사 걸치기.

그림3 외목의 큰 무기로서 黑1의 대사 씌우기가 있다는 것은 이미 알고 있을 것이다. 말할 것도 없이 난전지향이다. 이밖에도 黑a의 협공으로 도전하는 경우도 있다.

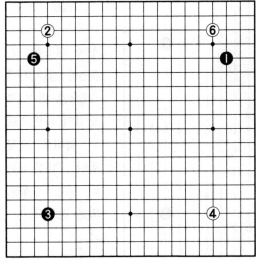

그림 4 　주문을 한다.

그림4 외목의 특성을 살리려 포석에 주문을 붙이는 하나의 예. 黑1, 白2 다음에 黑5, 白6이 되면 黑의 주문 그대로이다. 다음 그림에서 ─

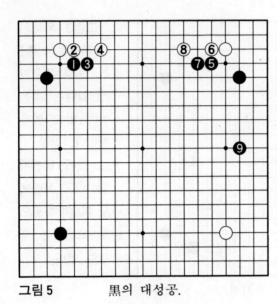

그림5 黑1에
서부터 7의 양
씌우기로써 白을
중복형으로 만들
고 9로 벌리면
대성공. 상대가
하수라면 모르지
만 실제로는 그
렇게 쉽지 않을
것이다.

그림 5   黑의 대성공.

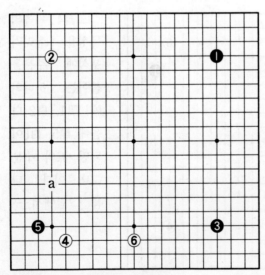

그림6 白4의
외목은 黑의 2연
성에 대응한 것.
黑5의 걸치기에
白6으로 벌려 黑
모양의 하변으로
의 확대를 봉쇄
한다. 白6은 a부
터 두는 경우도
있을 것이다.

그림 6   하변에 벌린다.

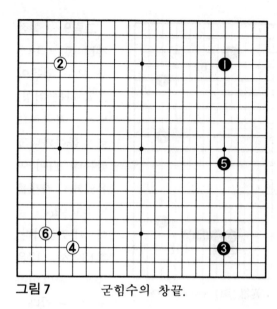

그림 7　　군힘수의 창끝.

그림7　白4의 외목은 黑의 中國류를 예상한 것이다. 黑5에 白6으로 굳히면 창끝이 黑 모양에 향하여 黑의 하변으로의 발전을 제한하고 있다.

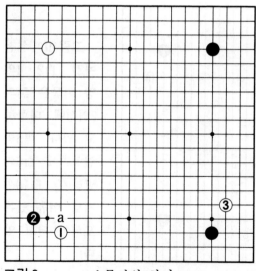

그림 8　　소목과의 차이.

그림8　白1에 黑2의 걸치기라면 白도 3으로 걸치게 된다. 白1을 2의 소목에 둔 경우에는 黑a의 걸치기가 매우 세력적이 되고 포석이 싹 달라진다.

212

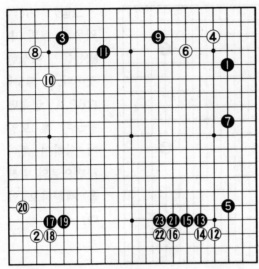

그림 9   S50. 大竹英雄(黑) vs 林海峰

그림9 (실전예1) 黑1·3·5가 모두 외목이라고 하는 취향. 黑은 적극적으로 돌아다니고 있는데, 白이 여유있게 자세를 낮추고 있는 것이 대조적이다. 黑13에서 17은 좋은 착안이라고 할 수 있다.

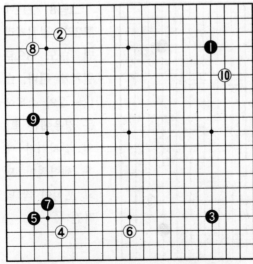

그림10   S27. 高川格(黑) vs 坂田栄男

그림10 (실전예2) 白2·4의 양 외목은 黑의 2연성에 대항하고 있다. 黑5의 걸치기에 白6의 벌리기. 白10까지로 여유 있는 포석이 되고 있다.

제13장 • 특수 포석

지금까지 포석을 "형"으로서 한 차례 소개하였는데, 실제로는 형에 구애될 필요가 없다.

아래의 포석을 젊은 吳淸源五段이 천하의 본인방 秀哉 명인에 대하여 3三 화점 천원으로 도전하여 세상을 깜짝 놀라게 한 것이다. 형에 구애되지 않는 포석은 참신하여 화제도 많다. 프로는 생활이 걸려 있기 때문에 함부로 모험은 할 수 없지만 여러분은 아마의 특권을 크게 발휘하여 포석을 즐겨 주기 바란다.

이 장에서는 모든 프로의 실전예를 들고 있다.

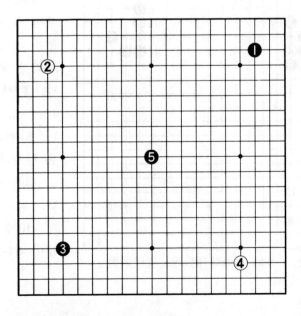

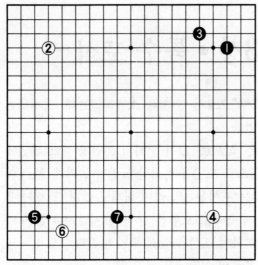

그림1 黑1·3을 "즉석 군힘 수"라고 불러야 할 것인가? 어쨌든 한 귀를 견실하게 확보 하였다. 빈 귀는 앞으로 두 개가 있으므로 맞보기 관계가 된다.

그림 1   S54. 石田芳夫(黑) vs 藤沢秀行

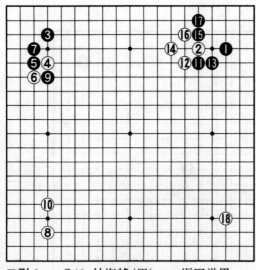

그림2 白2로 즉시 걸친 것은 黑에 군힘을 허용하지 않는 수법. 黑3에도 白4의 걸치기이다. 5 이하, 黑은 당황하지 않고 집을 차지한다. 역으로 白이 10에 굳힌 것이 재미있다.

그림 2   S41. 林海峰(黑) vs 坂田栄男

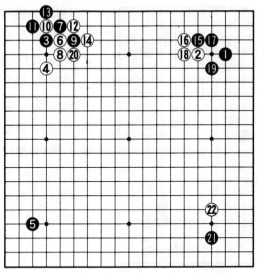

그림3 白2·4 모두가 黑의 굳힘을 방해하는 작전. 소목 대 고목의 관계가 되므로 불가불 黑의 실리, 白의 세력이라는 전개가 된다.

그림 3　　S41. 高川格(黑) vs 坂田栄男

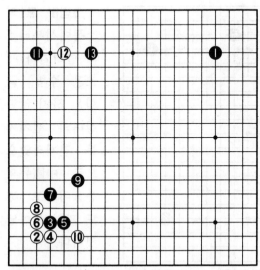

그림4 대각귀에 白의 3三. 黑3이 재미가 있고, 白의 응수에 따라서 빈 귀를 차지하는 방향을 결정하려는 것이다.

黑9까지 약간 세력이 생겼으므로 黑11로부터 13의 급습.

그림 4　　S56. 石田芳夫(黑) vs 橋本昌二

216

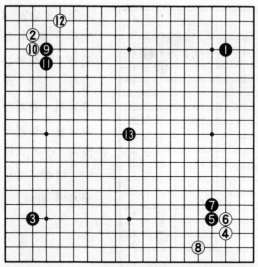

그림5 黑의 대각선 소목에 白의 대각선 3三. 黑5로 양쪽 어깨를 짚고 같은 모양이 되었다고 하여 黑13으로 천원을 차지하였다. 진기한 포석이다.

그림 5 S49. 橋本昌二(黑) vs 坂田栄男

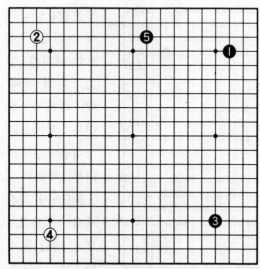

그림6 黑1의 소목에서부터 5의 벌리기가 새로운 수법. 굳힘을 하지 않고 상대의 걸치기를 견제하였으므로 中國류의 응용이라고 해도 과언이 아닐 것이다.

그림 6 S54. 大竹英雄(黑) vs 本田邦久

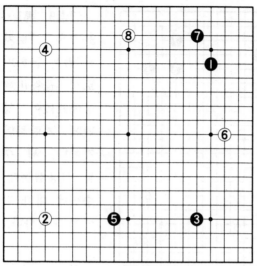

그림 7   S52. 窪內秀知(黑) vs 梶原武雄

그림7 窪內九段의 자랑인 고목 포석. 白4일 때, 굳힘수를 두지 않고 黑5로 벌린 것이 독특하다. 白6은 黑의 페이스에 말리지 않기 위한 갈라치기. 黑7로 변칙적으로 굳혔다.

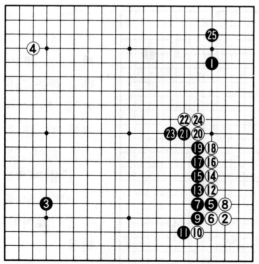

그림 8   S31. 鈴木越雄(黑) vs 吳淸源

그림8 黑1·3의 대각선 고목에서 黑5로 소목에 대하여 어깨짚기를 한 것이 기발하다.

물론 고목을 의식한 세력 작전인데 당시에는 화제가 되었다.

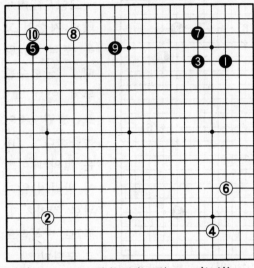

그림9 黑1·3·7은 "토치카"라는 굳히기로서, 長谷川章 명예八段이 왕년에 자랑하던 것이다. 세 수를 사용했는데, 주변에 대한 위력이 대단하다.

그림 9　S26. 長谷川章(黑) vs 高川格

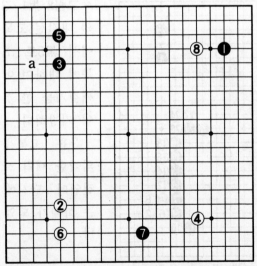

그림10 신포석 시대의 것인데, 白2, 黑3이라고 하는 "5의 五"를 두고, 여기서 한 칸 뛰기를 하여 "토치카"를 지향하고 있다. 黑a를 두면 "토치카" 완성.

그림10　S10. 橋本宇太郎(黑) vs 小野田千代太郎

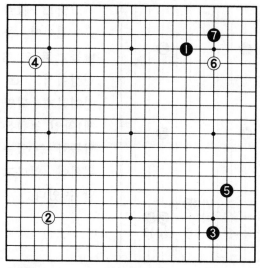

그림11　　S57. 王立誠(黒) vs 清成哲也

그림11 黑1은 "큰 고목"이라고 불리고 있는 것. 白4에 黑5로 굳히고 우상귀에 白이 어떻게 걸치는지 기다려 본다. 白6은 간명한 걸치기라고 할 수 있다.

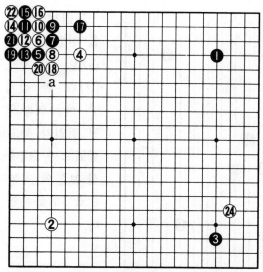

그림12　　S56. 上村陽生(黒) vs 長谷川直

그림12 白이 큰 고목에 둔 예이다. 黑5의 걸치기에 白6은 예정된 행동으로서, 이하 실리 대 두터움의 갈림. 黑5로써 8에 걸친다면 白a의 양 걸치기이다.

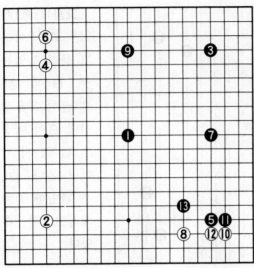

그림13 제1착을 천원에 둔 바둑. 黑7의 3연성에서 a로 전개하게 되면 제1착인 천원은 납득할 수 있는 위치에 있다고 할 수 있다.

그림13　S37. 橋本宇太郎(黒) vs 吳淸源

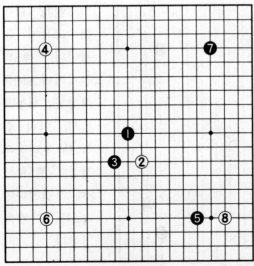

그림14 제1착을 천원에 두고 白2로 걸치기(？)를 한 진기한 예. 어떻게 될 것인가 하고 살폈으나 白4에서 보통의 진행으로 되돌아왔다.

그림14　S25. 山部俊郎(黒) vs 橋本宇太郎

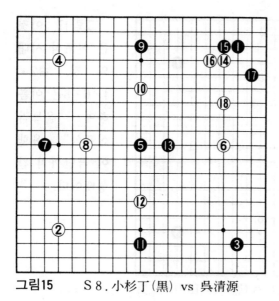

그림15   S 8. 小杉丁(黒) vs 吳淸源

그림15 신포석 시대의 바둑. 白8·10·12는 묘한 느낌인데, 유명한 포석이다. 이 포석도 결국 힘이 강한 쪽이 이긴다.

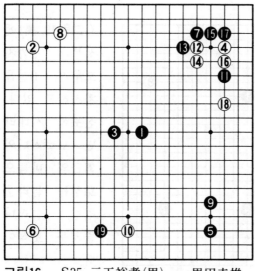

그림16   S35. 三王裕孝(黒) vs 黑田幸雄

그림16 천원을 중심으로, 黑1·3으로 한 칸 뛰기를 한 진기한 예. 이 한 칸 뛰기를 어떻게 살리느냐 하는 것이 黑의 과제인데, 19에서도 의욕을 엿볼 수 있다.

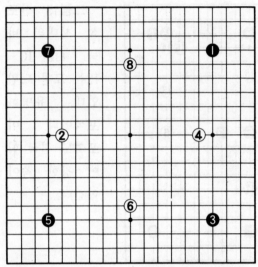

그림17 이것은 신포석 시대의 것. 白2·4·6·8은 이름하여 "울트라 신포석". 유행이 극단까지 간 형태이다.

그림17　S11. 長谷川章(黒) vs 田中不二男

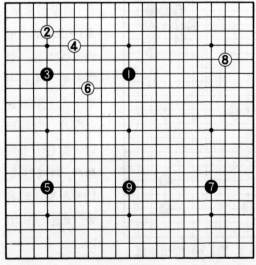

그림18 黒1에서부터 9까지 모두가 6선을 차지하고 있다. 신포석 시대라면 모르거니와 최근의 바둑으로서는 놀라운 취향. 그러나 즐거운 포석이다.

그림18　S46. 白江治彦(黒) vs 菅野清規

必勝바둑강좌 6

실리·세력 포석

· 발행 1994년 8월 10일   값 7,000원

- 著者/日本棋院
- 校閱/沈宗植
- 編譯者/一信·圍碁書籍編纂會
- 發行者/南 溶
- 發行所/一信書籍出版社

121-110 서울 마포구 신수동 177-3
등록 : 1969. 9. 12. NO. 10-70
전화 : 영업부 703-3001~6
       편집부 703-3007~8
       FAX 703-3009
대체구좌/012245-31-2133577